Commettre au moins une folie par an pour ne pas devenir fou.

Vicente Huidobro *(1893-1948, poète chilien)*

Mercredi 1er janvier

Jour de l'an
Ste Marie, mère de Dieu

Quoi de mieux qu'un bain d'eau de mer pour commencer l'année, à la manière de ces courageux pères Noël d'Opatija, sur la côte croate ? **Nel Pavletic**

L’année à venir n’existe pas. Nous ne possédons que le petit instant présent.

Mahmûd Shabestarî *(v. 1287-v. 1320, mystique, poète persan)*

Mercredi 31 décembre

St Sylvestre

Dans un tourbillon de confettis, la fête bat son plein dans les rues de Bombay (Inde) au passage à la nouvelle année. **Rafiq Maqbool**

La vie est, en quelque sorte, un pèlerinage.

PLATON *(428-348 AV. J.-C., PHILOSOPHE GREC)*

Jeudi 2 janvier

ST BASILE

Des moines marchent devant des fidèles lors du pèlerinage bouddhiste de Dhammayatra, près de Bangkok (Thaïlande). **TIM RUSSELL**

L'air du paradis est celui qui souffle entre les oreilles d'un cheval.

PROVERBE ARABE

Mardi 30 décembre

ST ROGER

La neige n'est pas un frein pour ces chevaux d'attelage galopant dans les prairies de la Ligue de Xilin Gol, en Mongolie-Intérieure (Chine). PENG YUAN

Dans notre vie, nous essayons de percer le brouillard, nous espérons qu'il y a une terre quelque part.

MARTIN SCORSESE *(NÉ EN 1942, CINÉASTE AMÉRICAIN)*

Vendredi 3 janvier

STE GENEVIÈVE

Par une froide et brumeuse matinée de janvier au milieu de l'intense trafic routier de Kirti Nagar, quartier de New Delhi (Inde). **SANCHIT KHANNA**

La sagesse n'est qu'un gros nuage sur l'horizon.

FRANCIS PICABIA *(1879-1953, PEINTRE, ÉCRIVAIN)*

Lundi **29 décembre**

ST DAVID

La ville de Koweït dans le brouillard. Au premier plan, les Kuwait Towers. Au fond domine l'Al Hamra Tower, le plus haut gratte-ciel du pays. **ASAD**

Les dimanches, surtout en fin d'après-midi, et si vous êtes seul, ouvrent une brèche dans le temps. Il suffit de s'y glisser.

PATRICK MODIANO *(NÉ EN 1945, ÉCRIVAIN)*

Sam 4/dim 5 janv.

ST FERRÉOL
ST ÉDOUARD

Le Capitole, à Washington, siège du pouvoir législatif aux États-Unis : un excellent endroit pour faire de la luge ! JACQUELYN MARTIN

L'innocence est la meilleure défense de l'enfant.

Lao She *(1899-1966, écrivain chinois)*

Sam 27/dim 28 déc.

St Jean
Les saints Innocents

Une corde à sauter pour retrouver le sourire sur un terrain de jeu, quelques jours après un séisme dans le Gansu (Chine), fin 2023. **Fan Peishen**

Quand tu donnes, donne avec joie et en souriant.

Joseph Joubert *(1754-1824, essayiste, moraliste)*

Lundi 6 janvier

Épiphanie
Ste Fanny

Gaspard sur son char lors de la traditionnelle chevauchée des Rois mages qui parcourent Madrid (Espagne) en distribuant des cadeaux aux enfants. **David Canales**

Le rassurant de l'équilibre, c'est que rien ne bouge. Le vrai de l'équilibre, c'est qu'il suffit d'un souffle pour tout faire bouger.

Julien Gracq *(1910-2007, écrivain)*

Vendredi 26 **décembre**

St Étienne

Ces oursons sur une branche au-dessus du lac Kourile (Russie) attendent que leur mère leur apporte du saumon fraîchement pêché. **Dr Manish Nagpal**

La vraie liberté est celle dont on profite sans condition.

Alain Leblanc *(né en 1951, romancier, scénariste)*

Mardi **7 janvier**

St Raymond

Les attentats islamistes de *Charlie Hebdo*, Montrouge et de l'Hyper Cacher ont fait dix-sept morts en Île-de-France. C'était il y a dix ans. **Houpline Renard**

Noël n'est pas un jour ni une saison, c'est un état d'esprit.

Calvin Coolidge *(1872-1933, homme d'État américain)*

Jeudi **25 décembre**

Noël
Nativité du Christ

Déguisé en père Noël, ce secouriste en montagne vient livrer des cadeaux dans un hôpital pour enfants de Belgrade (Serbie). **Darko Vojinovic**

Vous n'avez pas besoin d'un cerveau pour écouter de la musique.

LUCIANO PAVAROTTI *(1935-2007, TÉNOR ITALIEN)*

Mercredi **8 janvier**

ST LUCIEN

Elvis Presley, qui aurait fêté ce jour ses 90 ans, aurait-il joué sur une de ces guitares fabriquées à Zaozhuang, en Chine ? **CFOTO**

Nous pouvons vivre seuls, pourvu que ce soit dans l'attente de quelqu'un.

GILBERT CESBRON *(1913-1979, ÉCRIVAIN)*

Mercredi 24 décembre

STE ADÈLE

La messe de Minuit pour célébrer la naissance de l'enfant Jésus, en la cathédrale Saint-James de Calcutta (Inde). **AVISHEK DAS**

J’aime la force, et de la force que j’aime, une fourmi peut en montrer autant qu’un éléphant.

STENDHAL *(1783-1842, ÉCRIVAIN)*

Jeudi 9 janvier

BSE ALIX

Portant des fruits de melinjo plus grands qu’elles, ces fourmis fortes et agiles ont été vues dans une forêt de Sumatra (Indonésie). **RIDHO ARIFUDDIN**

Le jardinier peut décider de ce qui convient aux carottes, mais nul ne peut choisir le bien des autres à leur place.

JEAN-PAUL SARTRE *(1905-1980, ÉCRIVAIN, PHILOSOPHE)*

Mardi 23 décembre

Bx ARMAND

Ces ouvriers de la mégapole de Dacca, la plus grande ville du Bangladesh, étalent des carottes qui seront ensuite lavées puis mises en sac. **BIPUL AHMED**

Félicitez-vous d'avoir fait quelque chose d'étrange et d'extravagant qui a brisé la monotonie de votre époque.

Ralph Waldo Emerson *(1803-1882, poète, philosophe américain)*

Vendredi 10 janvier

St Guillaume

Ce trio tout rose est venu assister à un match de cricket opposant les équipes nationales d'Australie et du Pakistan, à Sydney (Australie). **Pete Dovgan**

Il faut être illuminé de l'intérieur pour éclairer à l'extérieur.

François Garagnon *(né en 1957, écrivain, éditeur)*

Lundi 22 décembre

Ste Françoise-Xavière

En décembre, les Brailsford organisent à des fins caritatives une exposition lumineuse chez leur mère, à Brentry (Angleterre). **Simon Chapman**

Moi, je vous ai baptisés avec de l'eau ; lui vous baptisera dans l'Esprit Saint.

ÉVANGILE SELON SAINT MARC

Sam **11**/dim **12** **janv.**

ST PAULIN
BAPTÊME
DU CHRIST

Le Baptême du Christ, œuvre du Pérugin (v. 1446-1523), dans le cadre d'une exposition organisée à Milan (Italie) durant l'hiver 2023-2024. STEFANO PORTA

La véritable amitié ne gèle pas en hiver.

PROVERBE ALLEMAND

Sam **20** /dim **21 déc.**

ST ZÉPHYRIN
HIVER
ST PIERRE CANISIUS

Une baignade en rivière en plein mois de décembre ? C'est le « plaisir » que s'offre cet homme dans le Brahmapoutre à Guwahati, en Inde. ANUPAM NATH

Le monde est un interminable défilé de symboles.

JOHN GARDNER *(1933-1982, ÉCRIVAIN AMÉRICAIN)*

Lundi **13** **janvier**

ST HILAIRE

Ces danseurs se produisent à Kelaniya lors du Duruthu Perahera, festival bouddhiste comptant parmi les plus importants du Sri Lanka. **GAYAN SAMEERA**

Ce n'est pas l'abondance, mais l'excellence qui est richesse.

Joseph Joubert *(1754-1824, essayiste, moraliste)*

Vendredi 19 décembre

Bx Urbain V

Sous les ors du Palais Garnier, haut lieu historique de l'opéra à Paris, mais aussi académie de musique et de chorégraphie. **Isa Harsin**

La mode, c'est ce qui se démode.

Jean Cocteau *(1889-1963, poète, cinéaste)*

Mardi 14 janvier

Ste Nino

Présentation d'une création de la collection Zegna automne-hiver 2024-2025 lors de la Fashion Week de Milan (Italie), en janvier 2024. **Luca Bruno**

L’exil est une espèce de longue insomnie.

Victor Hugo *(1802-1885, écrivain, poète)*

Jeudi **18 décembre**

St Gatien

Les ombres striant la route qu’emprunte ce migrant entré aux États-Unis sont celles des colonnes du mur séparant l’Arizona du Mexique. **Gregory Bull**

J’avance dans l’hiver à force de printemps.

Charles-Joseph de Ligne *(1735-1814, diplomate, homme de lettres des Pays-Bas autrichiens)*

Mercredi 15 janvier

St Rémi

Sur cette grange de Mount Vernon (Iowa, États-Unis) a été reproduit *American Gothic* (1930), du peintre américain Grant Wood (1891-1942). **Geoff Stellfox**

À Noël je n'ai pas plus envie de rose que je ne voudrais de neige au printemps. J'aime chaque saison pour ce qu'elle apporte.

William Shakespeare *(1564-1616, dramaturge)*

Mercredi **17 décembre**

St Judicaël

Symbole annuel de la ville d'Harbin (nord-est de la Chine), le bonhomme de neige géant au centre de cette photo est haut de 18 mètres. **Liu Yang**

On ne se met aisément qu'à la place de ses égaux.

Georges Bernanos *(1888-1948, écrivain)*

Jeudi **16 janvier**

St Marcel

Le minutieux travail d'une artisane de Zaozhuang, dans la province chinoise du Shandong, créant des bonsaïs avec de la laine colorée. **CFOTO**

La conscience est un trait d'union entre ce qui a été et ce qui sera, un pont jeté entre le passé et l'avenir.

HENRI BERGSON *(1859-1941, PHILOSOPHE)*

Mardi 16 décembre

STE ADÉLAÏDE

Pour Noël, ces pylônes du pont du Megyer, qui traverse le Danube à Budapest (Hongrie), ont été illuminés de façon à évoquer des sapins. **ZOLTAN MATHE**

Le trop de confiance attire le danger.

Pierre Corneille *(1606-1684, dramaturge)*

Vendredi 17 janvier

St Antoine

Cette grenouille sait-elle qu'elle s'est postée sur la gueule d'un crocodile ? Un étrange duo observé près de Balangan (Indonésie). **Ridho Arifuddin**

Regardez à deux fois avant de sauter.

Charlotte Brontë *(1816-1855, romancière anglaise)*

Lundi **15 décembre**

Ste Ninon

Est-elle en train de chasser ? De jouer dans la neige ? Cette hermine a été aperçue dans la chaîne des Puys, au sein du Massif central. **Philippe Grand**

Le salut du monde viendra de la pensée populaire.

Thomas Carlyle *(1795-1881, écrivain britannique)*

Sam **18**/dim **19** **janv.**

Ste Marguerite
St Marius

À Addis-Abeba lors de Ketera, veille de Timqet, la célébration par les chrétiens orthodoxes d'Éthiopie du baptême de Jésus et de l'Épiphanie. **Anteneh Girma**

Mieux vaut allumer une bougie que maudire les ténèbres.

Lao-Tseu *(Ve siècle av. J.-C., sage chinois)*

Sam 13/dim 14 **déc.**

Ste Lucie
Ste Odile

Des chants pour célébrer la Sainte-Lucie dans l'église évangélique luthérienne de Sainte-Catherine, à Saint-Pétersbourg (Russie). **Dmitri Lovetsky**

Si j'avais deux visages, est-ce que je porterais celui-ci ?

Abraham Lincoln *(1809-1865, homme d'État américain)*

Lundi **20 janvier**

St Sébastien

Le 20 janvier, des festivités ont lieu dans la rue San Sebastián, à San Juan (Porto Rico). De grands masques colorés sont alors de sortie. **Alejandro Granadillo**

La poésie, c'est le point où la prose décolle.

Léon-Paul Fargue *(1876-1947, poète, écrivain)*

Vendredi 12 décembre

St Corentin

Cet étrange oiseau est l'Allemand Karl Geiger qui vient de décoller du grand tremplin de vol à ski de Titlis, à Engelberg (Suisse). **Philipp Schmidli**

Il faut prendre la balle au bond.

PROVERBE FRANÇAIS

Mardi 21 janvier

STE AGNÈS

Le Russe Daniil Medvedev signe des autographes après une victoire lors de l'Open d'Australie de tennis, à Melbourne, en janvier 2024. ANDY WONG

Chaque voyage est le rêve d'une nouvelle naissance.

Jean Royer *(1938-2019, poète, romancier canadien)*

Jeudi 11 décembre

St Daniel

Le chargement d'un porte-containers dans le port fluvial de Francfort, dans l'ouest de l'Allemagne.
Michael Probst

La poésie de la terre ne meurt jamais.

John Keats *(1795-1821, poète britannique)*

Mercredi **22 janvier**

St Vincent

Les formes sinueuses des rizières en terrasses de Jiabang, dans la province du Guizhou (sud-ouest de la Chine), sous la neige. **CFOTO**

Quand tous les hommes seront libres, ils seront égaux. Quand ils seront égaux, ils seront justes. Ce qui est honnête se suit de soi-même.

Louis Antoine de Saint-Just *(1767-1794, homme politique)*

Mercredi **10 décembre**

Ste Eulalie

Durant le Hornbill Festival, qui tous les ans rassemble en décembre dans le Nagaland tous les groupes ethniques de cet État indien. **Patrick Frilet**

Les passions sont les vents qui enflent les voiles du navire ; elles le submergent quelquefois, mais sans elles il ne pourrait voguer.

VOLTAIRE *(1694-1778, ÉCRIVAIN, PHILOSOPHE)*

Jeudi 23 janvier

ST ALPHONSE

Le quatre-mâts *BAP Unión*, navire-école de la Marine péruvienne, photographié au large du port de Nice en janvier 2024. **FRANÇOIS GLORIES**

L'action ne remplace pas la méditation.

Georges Duhamel *(1884-1966, médecin, écrivain, poète)*

Mardi 9 décembre

St Pierre Fourier

C'est sur la plage néerlandaise de Katwijk, près de La Haye, qu'a été observé cet adorable bébé phoque semblant en pleine séance de yoga. **Mike Seuters**

Personne ne peut porter longtemps le masque.

Sénèque *(v. 4 av. J.-C.-65 ap. J.-C., philosophe romain)*

Vendredi **24** **janvier**

St François de Sales

Ces danseurs de la tribu Sahariya posent avant de donner un spectacle à Jaipur, capitale de l'État indien du Rajasthan. **Deepak Sharma**

C’est l’incertitude qui nous charme. Tout devient merveilleux dans la brume.

Oscar Wilde *(1854-1900, écrivain, poète irlandais)*

Lundi 8 décembre

Immaculée Conception

Les luxuriantes collines de Bandarban (sud-est du Bangladesh) émergent au-dessus des nuages un jour de décembre. **Salim**

On devient l'homme de son uniforme.

Napoléon Bonaparte *(1769-1821, militaire, homme d'État)*

Sam 25/dim 26 janv.

Conversion de saint Paul
Sts Tite et Timothée

Des gardes suisses alignés dans la cour Saint-Damase, dans la cité du Vatican.
Gregorio Borgia

N'oublie pas qu'un saint est un pécheur qui cherche à s'améliorer.

Nelson Mandela *(1918-2013, homme d'État sud-africain)*

Sam **6**/dim **7 déc.**

St Nicolas
St Ambroise

Des « moutons » et un saint Nicolas : la traditionnelle procession de la Saint-Nicolas dans le village de Lidečko, en République tchèque. **Petr David Josek**

À quoi nous servirait la chance d'être nés humains si nous n'avions pas les moyens de vivre comme des êtres humains ?

Ihara Saikaku *(1642-1693, poète, écrivain japonais)*

Lundi 27 janvier

Ste Angèle

« Plus jamais, c'est maintenant » : devant la porte de Brandebourg (Berlin) pour la Journée internationale de commémoration de l'Holocauste. **Sebastian Christoph Gollnow**

Une rencontre, c'est quelque chose de décisif, une porte, une fracture, un instant qui marque le temps et crée un avant et un après.

Éric-Emmanuel Schmitt *(né en 1960, écrivain)*

Vendredi **5 décembre**

St Gérald

Une étonnante rencontre entre deux papillons et un lézard immmortalisée dans une forêt du sud du Kalimantan (Indonésie). **Ridho Arifuddin**

Rien n'est difficile pour ceux qui s'aiment.

Cicéron *(106-49 av. J.-C., philosophe latin)*

Mardi **28 janvier**

St Thomas d'Aquin

Le petit hippopotame pygmée baptisé Mikolas, avec sa mère, au jardin zoologique de Dvůr Králové (République tchèque), où il a vu le jour. **Petr David Josek**

Sur mes cahiers d'écolier / Sur mon pupitre et les arbres / Sur le sable sur la neige / J'écris ton nom.

PAUL ÉLUARD *(1895-1952, POÈTE)*

Jeudi 4 **décembre**

STE BARBE

Promenade solitaire en pleine nature sur un sentier enneigé des environs de Zurich, en Suisse.
MICHAEL BUHOLZER

Il faut rajouter de la vie aux années et non des années à la vie.

PROVERBE CHINOIS

Mercredi 29 janvier

ST GILDAS

Un centre commercial de Shanghai (Chine) à l'occasion du Nouvel An lunaire. En ce jour commence l'année du Serpent. CFOTO

La courbe est la ligne géométrique de la beauté et du bonheur.

Joseph-Aimé Péladan *(1858-1918, écrivain, critique d'art)*

Mercredi 3 décembre St François-Xavier

Dessinée dans le ciel, déformée par l'objectif, la trajectoire d'une fusée lancée depuis Cap Canaveral (États-Unis). **Malcolm Denemark**

Sous les vagues, la mer est dressée, on dirait qu'elle est au ciel, / Qu'elle touche et arrose les nuages qui couvrent tout.

OVIDE *(43 AV. J.-C.-V. 17 AP. J.-C., POÈTE LATIN)*

Jeudi **30 janvier**

STE MARTINE

La surfeuse brésilienne Maya Gabeira affronte une des fameuses vagues géantes de Nazaré (Portugal), en janvier 2024. **ARMANDO FRANCA**

La danse est une cage où l'on apprend l'oiseau.

CLAUDE NOUGARO *(1929-2004, AUTEUR-COMPOSITEUR-INTERPÈTE)*

Mardi 2 **décembre**

STE BIBIANE

Comme un ballet aérien, un vol d'étourneaux au-dessus de la ville balnéaire de Brighton (Angleterre) à la fin d'une journée de décembre. **LLOYD LANE**

Si l'humanité m'est suspecte dans son ensemble, j'ai toujours fait crédit aux particuliers.

DANIEL PENNAC *(NÉ EN 1944, ÉCRIVAIN)*

Vendredi **31 janvier**

ST JEAN BOSCO

Discussion entre deux jeunes gens sur un pont de Munich (Allemagne), un soir de janvier.
MATTHIAS SCHRADER

La vertu trouve toujours sa récompense.

PROVERBE FRANÇAIS

Lundi 1er décembre

ST ÉLOI

Un bien original calendrier de l'Avent pour ce singe-écureuil du zoo de Londres (Angleterre). Et s'il renfermait des friandises ? ALBERTO PEZZALI

C'est faire honneur au soleil que de se lever après lui.

Yvan Audouard *(1914-2004, homme de lettres)*

Sam 1er/dim 2 févr.

Ste Brigitte
Présentation de Jésus au Temple

Le soleil se lève sur le phare de Tyne North Pier qui se dresse sur la mer du Nord à Tynemouth, dans le nord-est de l'Angleterre. **John Fatkin**

Le but n'est pas le but, c'est la voie.

Lao-Tseu *(Ve siècle av. J.-C., sage chinois)*

Sam 29/dim 30 nov.

St Saturnin/St André
Premier dimanche de l'Avent

Ces élèves du King's College d'Eton (Angleterre) assistent au Wall Game, mélange de football et de rugby pratiqué pour la Saint-André. **Maureen McLean**

C'est pour la plupart des hommes un exemple décourageant que la sérénité d'un cochon.

Anatole France *(1844-1924, écrivain)*

Lundi 3 **février**

St Blaise

Vous connaissez les bars à chats ? Eh bien, voici trois petits pensionnaires d'un des « bars à cochons » qui font fureur à Tokyo (Japon). **Eugene Hoshiko**

La route du bonheur est peut-être la route de l'oubli.

Yasmina Reza *(née en 1959, femme de lettres)*

Vendredi **28 novembre**

Ste Catherine Labouré

Au milieu d'une forêt du Taunus, région de moyenne montagne proche de Francfort (Allemagne). **Michael Probst**

L'indépendance n'est pas un état de choses. C'est un devoir.

Václav Havel *(1936-2011, dramaturge, homme d'État tchèque)*

Mardi **4 février**

Ste Véronique

Le 4 février, le Sri Lanka, ancienne colonie britannique, célèbre (ici, à Colombo) l'anniversaire de son indépendance, proclamée en 1948. **Eranga Jayawardena**

Il n'y a pas de mode si elle ne descend pas dans la rue.

Coco Chanel *(1883-1971, couturière, créatrice de mode)*

Jeudi **27 novembre**

St Virgile

Une jeune fille portant l'uniforme de son école dans la jolie rue des Violettes, dans le centre-ville de Bogota (Colombie). **Fernando Vergara**

La colère est comme la glace : elle fond à la première chaleur.

Maxime Gorki *(1868-1936, écrivain russe)*

Mercredi **5 février**

Ste Agathe

Ces blocs de glace sont destinés aux marchands de poisson d'un marché de Manille, aux Philippines.
Aaron Favila

Le seul véritable voyage, le seul bain de jouvence, ce ne serait pas d'aller vers de nouveaux paysages, mais d'avoir d'autres yeux.

MARCEL PROUST *(1871-1922, ÉCRIVAIN)*

Mercredi **26 novembre** STE DELPHINE

Sous la lumière du soleil couchant, ces flamants roses prennent leur envol en faisant onduler les eaux de la Camargue où ils se sont nourris. **MAGALI CHESNEL**

La grâce, plus belle encore que la beauté.

JEAN DE LA FONTAINE *(1621-1695, POÈTE)*

Jeudi 6 février

ST GASTON

Une danseuse du Ballet national d'Ukraine lors d'un spectacle donné à Vancouver (Canada), en février 2024. **DARRYL DYCK**

Je revendiquai [...] le droit d'aimer comme inséparable du droit de vivre.

Eugène Fromentin *(1820-1876, peintre, écrivain)*

Mardi 25 novembre

Ste Catherine d'Alexandrie

Une fresque et des fleurs, à Rome (Italie), en guise d'hommage à toutes les victimes de féminicides.
Matteo Nardone

C'est une grande habileté que de savoir cacher son habileté.

François de La Rochefoucauld *(1613-1680, écrivain, moraliste)*

Vendredi 7 février

Bse Eugénie

Travaillant à un rythme infernal, les ouvriers des briqueteries du Bangladesh (ici, à Dacca) empilent jusqu'à vingt briques sur leur tête. **Joy Saha**

La nuit fait des tours de magie / Pour les amants de minuit.

AXELLE RED *(NÉE EN 1968, AUTRICE-COMPOSITRICE-INTERPRÈTE BELGE)*

Lundi 24 novembre

STE FLORA
ST ANDRÉ DUNG LAC
ET SES COMPAGNONS

Phénomène lumineux atmosphérique, les aurores boréales sont une féerie pour les yeux. Ici, au large de la Norvège. **RICHARD LOVELOCK**

L’idée, ce n’est rien, elle vous pousse seulement à aller plus loin.

RENZO PIANO *(NÉ EN 1937, ARCHITECTE ITALIEN)*

Sam **8**/dim **9** **févr.**

STE JOSÉPHINE BAKHITA
STE APOLLINE

L’artiste Alicia Keys à la mi-temps du Super Bowl, finale du championnat de football américain, en 2024 à Las Vegas (États-Unis). **DAVID J. PHILLIP**

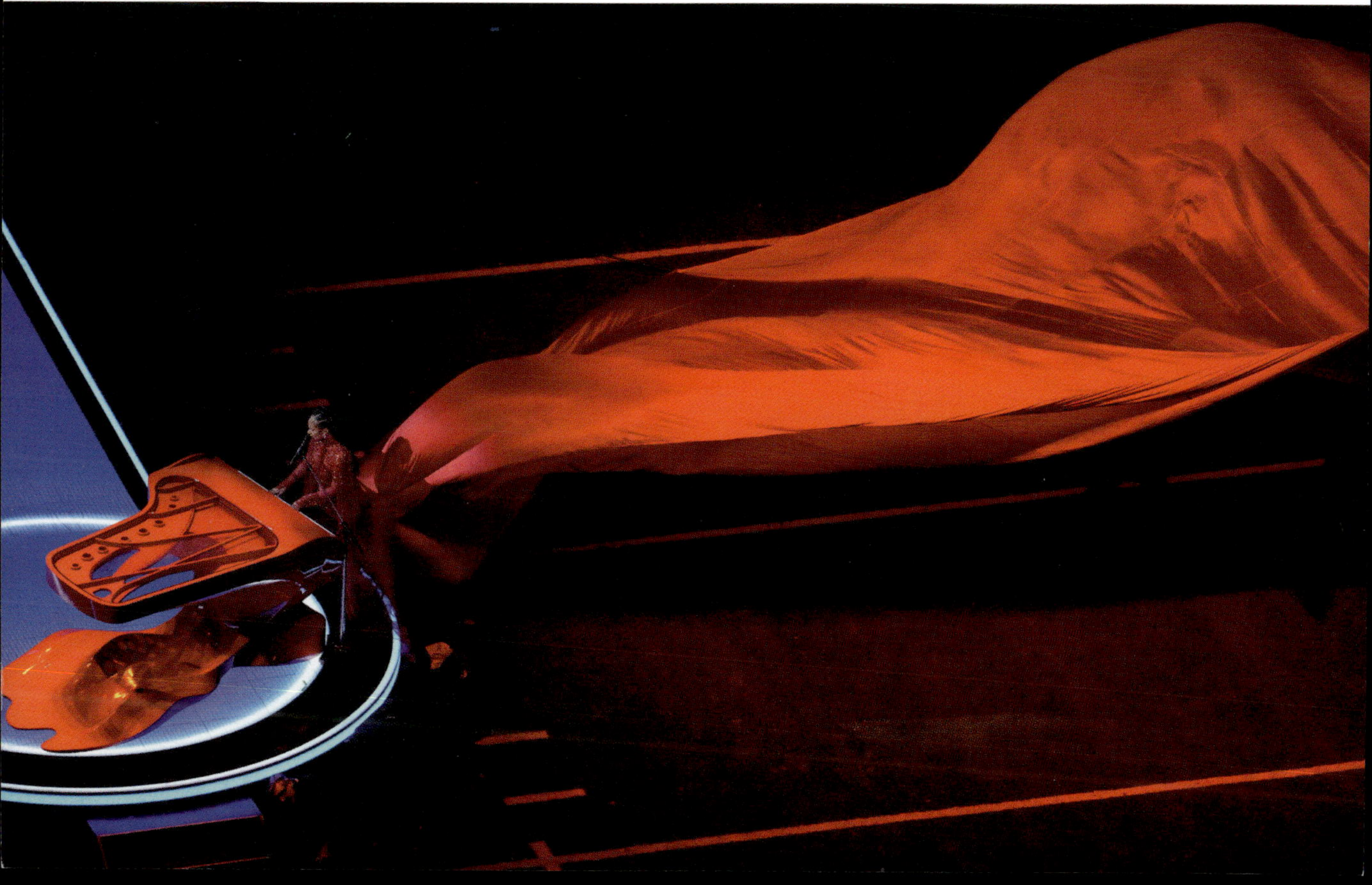

Le plus beau sommeil ne vaut pas le moment où l'on se réveille.

ANDRÉ GIDE *(1869-1951, ÉCRIVAIN)*

Sam 22/dim 23 nov.

STE CÉCILE
CHRIST ROI

La sieste est terminée pour ce lion du Parc national Kruger, la plus grande réserve animalière d'Afrique du Sud.
BRAEME HOLLAND

La mer est sans routes, la mer est sans explications.

Alessandro Baricco *(né en 1958, écrivain italien)*

Lundi 10 février

Ste Scholastique

Les vagues de la Manche s'écrasant sur les remparts de Saint-Malo durant la tempête Karlotta, en février 2024. **Mathieu Rivrin**

La photographie est une brève complicité entre la prévoyance et le hasard.

John Stuart Mill *(1806-1873, philosophe, économiste britannique)*

Vendredi **21 novembre**

Présentation de la Vierge Marie

L'installation du sapin de Noël sur la place Saint-Pierre de Rome (Vatican) : une scène que n'a pas manqué d'immortaliser cette religieuse. **Andrew Medichini**

Moi je t'offrirai / Des perles de pluie / Venues de pays / Où il ne pleut pas.

Jacques Brel *(1929-1978, auteur-compositeur-interprète belge)*

Mardi 11 février

Notre-Dame de Lourdes

Des fidèles hindous, pots de lait sur la tête en guise d'offrandes, prennent part au festival Thaipusam, près de Kuala Lumpur (Malaisie). **Wong Fok Loy**

Chaque homme cache en lui un enfant qui veut jouer.

FRIEDRICH NIETZSCHE *(1844-1900, PHILOSOPHE ALLEMAND)*

Jeudi **20** **novembre**

ST EDMOND

Le manège, une indémodable source de joie pour les enfants ! Ce bambin sur sa monture de bois a été photographié à Francfort (Allemagne). **MICHAEL PROBST**

La foi illumine avec ses ténèbres les ténèbres de l'âme.

Saint Jean de la Croix *(1542-1591, religieux, poète espagnol)*

Mercredi 12 février

Bse Ombeline

Une rue de Suqian (Chine) illuminée à l'occasion du Nouvel An chinois, dont une fête des lanternes clôt le cycle des festivités. CFOTO

La sculpture donne de l'âme au marbre.

François-René de Chateaubriand *(1768-1848, écrivain)*

Mercredi 19 novembre

St Tanguy

Des représentations d'Apollon aux Musées capitolins, à Rome (Italie), lors d'une exposition dédiée au célèbre sculpteur grec antique Phidias. **Gregorio Borgia**

Danser dans une ronde est magique ; la ronde nous parle depuis les profondeurs millénaires de la mémoire.

MILAN KUNDERA *(1929-2023, ÉCRIVAIN TCHÈQUE NATURALISÉ FRANÇAIS)*

Jeudi 13 février

ST GILBERT

Ronde à Yalta (Crimée) pour Trndez,
fête préchrétienne symbolisant la venue du printemps.
KONSTANTIN MIHALCHEVSKIY

La liberté [...] n'a toute son amplitude que dans le domaine de la pensée.

Ernest Renan *(1823-1892, écrivain, philosophe)*

Mardi 18 novembre

Ste Aude

Si le photographe pensait être discret, c'est raté !
Ce hibou des marais survolant la côte nord des Cornouailles (Angleterre) l'a repéré... **Neil Henderson**

La passion est la distraction du cœur.

VLADIMIR JANKÉLÉVITCH *(1903-1985, PHILOSOPHE)*

Vendredi 14 février

ST VALENTIN

Quid d'un séjour à Londres (Angleterre) pour la Saint-Valentin, à l'instar de ces deux couples photographiés en 2024 ? **KIN CHEUNG**

La révolution, c'est une tentative pour faire aboutir les rêves.

Robert Rosenstone *(né en 1936, écrivain, historien américain)*

Lundi **17 novembre**

Ste Élisabeth

Le 17 novembre, les Tchèques commémorent la révolution de Velours qui a mis fin au régime communiste en 1989. Ici, à Prague en 2023. **Petr David Josek**

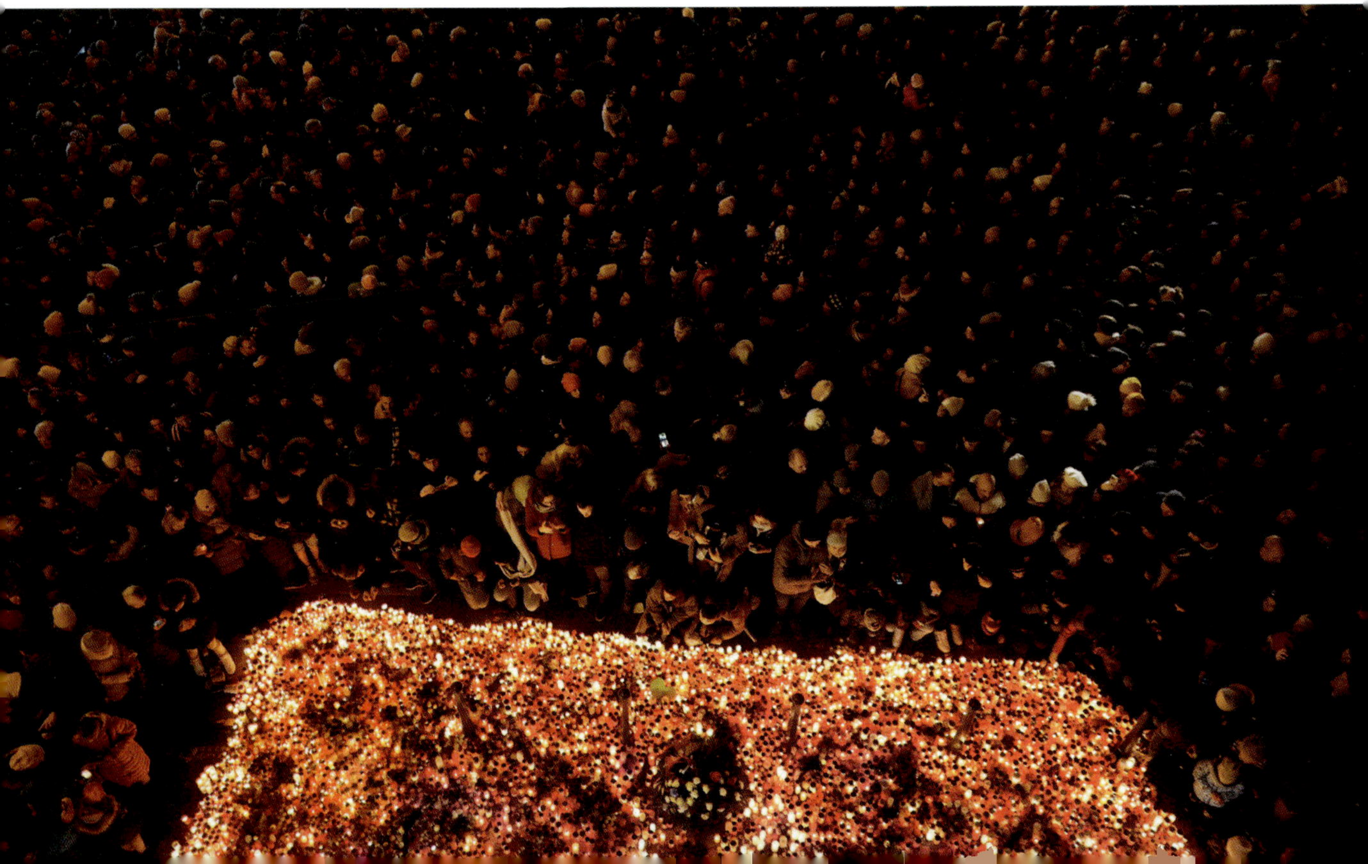

Aucun coin de la terre n'a donné lieu, plus que Venise, à cette conspiration de l'enthousiasme.

Guy de Maupassant *(1850-1893, écrivain)*

Sam **15**/dim **16 févr.**

Ste Georgette
Ste Julienne

La Pantegana, énorme rat en papier mâché, en tête du cortège d'embarcations annonçant l'ouverture du Carnaval de Venise (Italie). **Matteo Chinellato**

Qui ne fait rien, mange le foin, qui travaille, mange la paille.

PROVERBE FRANÇAIS

Sam 15/dim 16 nov.

ST ALBERT
STE MARGUERITE

Ces ouvriers déchargent à Sirajganj (Bangladesh) un camion rempli de paille de plants de riz, destinée à être transportée par bateau. ABDULLAH AL MAHFUZ

De tous les actes, le plus complet est celui de construire.

Paul Valéry *(1871-1945, écrivain, poète)*

Lundi 17 février

St Alexis

Sous les projecteurs, le Grand Temple d'Abou Simbel (Assouan, Égypte), bâti au XIIIe siècle avant J.-C. sur ordre du pharaon Ramsès II. **Sui Xiankai**

Si je partais sans me retourner, je me perdrais bientôt de vue.

JEAN TARDIEU *(1903-1995, POÈTE, ÉCRIVAIN)*

Vendredi 14 novembre

ST SIDOINE

Des cerfs du père David, ou milus, courant dans la réserve naturelle de Dafeng (Chine), dédiée à cette espèce éteinte dans la nature. **CFOTO**

Le monde avec lenteur marche vers la sagesse.

VOLTAIRE *(1694-1778, ÉCRIVAIN, PHILOSOPHE)*

Mardi **18** **février**

STE BERNADETTE

Un groupe de manchots royaux sur la plage de Volunteer Point, sur la côte est des îles Malouines, archipel britannique de l'Atlantique sud. **BRIAN MATTHEWS**

Hier et demain sont la même journée, la boucle est bouclée.

Orelsan *(né en 1982, rappeur, compositeur)*

Jeudi **13 novembre**

St Brice

Le Frecce Tricolori, la patrouille acrobatique de l'Aéronautique militaire italienne, en action lors du Salon aéronautique de Dubaï, en 2023. **Kamran Jebreili**

La vérité est ce qui mène au but.

Vjekoslav Kaleb *(1905-1996, écrivain croate)*

Mercredi 19 février

St Gabin

Un but marqué dans la bonne humeur sur un terrain de football sablonneux d'Abidjan (Côte d'Ivoire).
Themba Hadebe

L'automne est un andante mélancolique et gracieux qui prépare admirablement le solennel adagio de l'hiver.

George Sand *(1804-1876, romancière, dramaturge)*

Mercredi 12 novembre

St Christian

Par une belle journée de novembre, ce couple s'adonne aux plaisirs d'une promenade en forêt à Srinagar (Inde). **Saqib Majeed**

Ce qui me gêne, ce n'est pas mon âge, mais l'âge des gens qui ont mon âge.

Roger Ferdinand *(1898-1967, dramaturge)*

Jeudi 20 février

Ste Aimée

Ces supportrices sont venues assister à Calgary (Canada) au Tournoi des Cœurs scotties, championnat annuel canadien de curling féminin. **Jeff McIntosh**

Qui ne s'élève contre toutes les guerres ne s'élèvera jamais contre aucune.

JEAN ROSTAND *(1894-1977, ÉCRIVAIN, BIOLOGISTE)*

Mardi 11 novembre

ST MARTIN DE TOURS
ARMISTICE 1918

« Présentez armes ! » Des élèves de l'École spéciale militaire de Saint-Cyr lors d'une cérémonie du 11-Novembre à l'Arc de Triomphe, à Paris. LUDOVIC MARIN

Plonger au fond du gouffre, Enfer ou Ciel, qu'importe ? / Au fond de l'Inconnu pour trouver du nouveau !

CHARLES BAUDELAIRE *(1821-1867, POÈTE)*

Vendredi **21 février**

ST PIERRE DAMIEN

Un plongeur au milieu de poissons peu farouches de l'Underwater World de Qingdao, le plus vieil aquarium public de Chine. **CFOTO**

Le climat est un bien commun, de tous et pour tous.

François *(né en 1936, pape)*

Lundi **10 novembre**

St Léon

Lutte contre le réchauffement climatique : les préparatifs de la COP28 à l'Expo City de Dubaï, en 2023. La COP30, en 2025, se tient au Brésil. **Wang Dongzhen**

J'ai tendu des cordes de clocher à clocher ; des guirlandes de fenêtre à fenêtre ; des chaînes d'or d'étoile à étoile, et je danse.

ARTHUR RIMBAUD *(1854-1891, POÈTE)*

Sam 22/dim 23 févr.

BSE ISABELLE
ST POLYCARPE

Des cordes colorées ? Non, ce sont des guirlandes de soucis que proposent ces vendeurs sur un marché de gros aux fleurs de Calcutta (Inde). **BIKAS DAS**

L’écume est la plus parfaite des nageuses.

Malcolm de Chazal *(1902-1981, poète, écrivain, peintre mauricien)*

Sam **8**/dim **9** **nov.**

St Geoffroy
St Théodore

La promenade de Seaburn, près de Sunderland (Angleterre), menacée par les flots lors de la tempête Debi, en novembre 2023. **Simon Woodley**

Le courage est le prix que la vie exige pour accorder la paix.

AMELIA EARHART *(1897-1937, AVIATRICE AMÉRICAINE)*

Lundi **24 février**

ST MODESTE

Une Ukrainienne dans une manifestation à Budapest (Hongrie) le 24 février 2024, deuxième anniversaire de l'invasion de son pays par la Russie. **DENES ERDOS**

Il faut jouer pour devenir sérieux.

Aristote *(384-322 av. J.-C., philosophe grec)*

Vendredi 7 **novembre**

Ste Karine

Séquence détente dans l'océan Pacifique pour cette loutre de mer observée au large de Kodiak, en Alaska (États-Unis). **Lisa Adler**

Prendre quelqu'un en photo, c'est un peu comme le rencontrer dans un train.

MARTINE FRANCK *(1938-2012, PHOTOGRAPHE BELGE)*

Mardi 25 février

ST NESTOR

Dans une rame de la ligne bleue de Lagos, le premier train urbain électrique du Nigeria, dont le premier tronçon a été inauguré en 2023. **HAN XU**

Il est parfois bon d'avoir un grain de folie.

SÉNÈQUE *(V. 4 AV. J.-C.-65 AP. J.-C., PHILOSOPHE ROMAIN)*

Jeudi **6 novembre**

ST LÉONARD

Appliquant une méthode traditionnelle locale, ces ouvrières du Mu Cang Chai (Vietnam) mettent du maïs à sécher dans une cabane en bois. **SABINA AKTER**

Ô doux bruit de la pluie / Par terre et sur les toits ! / Pour un cœur qui s'ennuie, / Ô le chant de la pluie !

PAUL VERLAINE *(1844-1896, POÈTE, ÉCRIVAIN)*

Mercredi 26 **février**

ST ALEXANDRE

Dans cette flaque d'eau se reflètent des bâtiments proches du Flatiron Building, gratte-ciel de Manhattan, à New York (États-Unis). **RICHARD B. LEVINE**

Le reflet est pour les couleurs ce que l'écho est pour les sons.

Joseph Joubert *(1754-1824, essayiste, moraliste)*

Mercredi **5 novembre** Ste Sylvie

Ici plongé dans une ambiance automnale, ce « pont du diable » se trouve dans le Parc d'azalées et de rhododendrons de Kromlau (Allemagne). **Patrick Pleul**

Se peut-il qu'un homme soit moins sage qu'un oiseau ?

CONFUCIUS *(V. 551-479 AV. J.-C., PHILOSOPHE CHINOIS)*

Jeudi 27 février

ST GRÉGOIRE DE NAREK

Ces perruches se sont rassemblées sur le toit d'une maison de Jammu (Inde), pour s'y délecter de grains de riz placés là à leur intention. CHANNI ANAND

Si on ouvrait les gens, on trouverait des paysages. Moi, si on m'ouvrait, on trouverait des plages.

AGNÈS VARDA *(1928-2019, CINÉASTE, PHOTOGRAPHE, PLASTICIENNE FRANCO-BELGE)*

Mardi **4 novembre**

ST CHARLES

Rassemblement à Rio de Janeiro (Brésil) de supporters du club de football argentin des Boca Juniors, avant un match contre les locaux de Fluminense. **BRUNA PRADO**

Tes yeux, tes yeux étranges / Recèlent sous les franges soyeuses de tes cils / Des feux subtils.

Théodore de Banville *(1823-1891, poète)*

Vendredi 28 février

St Romain

Une danseuse de l'école de samba Vila Isabel en plein défilé au Sambodrome de Rio de Janeiro (Brésil). **Silvia Izquierdo**

Un frère est un ami donné par la nature.

GABRIEL-MARIE LEGOUVÉ *(1764-1812, POÈTE)*

Lundi 3 novembre

ST HUBERT

Une petite bagarre fraternelle et ludique pour ces renardeaux observés non loin de Seattle (États-Unis). JOHNSON HUANG

La popularité est plus communément un écueil qu'une récompense.

ÉMILE DE GIRARDIN *(1802-1881, JOURNALISTE, HOMME POLITIQUE)*

Sam 1er/dim 2 mars

ST AUBIN
BX CHARLES LE BON

Une actrice vient de quitter la salle de presse des Oscars au Dolby Theatre de Los Angeles (États-Unis), en mars 2024. Sa robe la suit... **JORDAN STRAUSS**

La mort est multiforme, elle change de masque, / Et d'habit plus souvent qu'une actrice fantasque.

Théophile Gautier *(1811-1872, poète, romancier)*

Sam 1er/dim 2 nov.

Toussaint
Commémoration
des défunts

Cette femme photographiée dans les environs de Mexico est déguisée en Catrina, figure incontournable de la Fête des morts mexicaine. **Luis Barron**

Plus un citron est pressé, plus il se dépêche.

Pierre Dac *(1893-1975, acteur, humoriste)*

Lundi **3 mars**

St Guénolé

En 2024, la fête du Citron de Menton était à l'heure olympique. Thème de l'édition de 2025 : « Voyages dans les étoiles ». **Mandoga Media**

Dis-moi qui tu hantes, et je te dirai qui tu es.

Miguel de Cervantès *(1547-1616, romancier espagnol)*

Vendredi **31 octobre**

St Quentin

Tout est prêt pour une belle fête d'Halloween dans cette maison de Manhattan, à New York (États-Unis). **Erik Pendzich**

Mardi gras ne t'en va pas !
Je ferai des crêpes et t'en mangeras !

PROVERBE FRANÇAIS

Mardi **4 mars**

MARDI GRAS
ST CASIMIR

Pour Mardi gras, les Britanniques organisent des « courses de pancakes » dans les rues. Ici, des enfants d'Olney (Angleterre). **KIN CHEUNG**

Pour être heureux, inspire-toi de la conduite des animaux.

Duong Van Minh *(1916-2001, général, homme d'État sud-vietnamien)*

Jeudi **30 octobre**

Bse Bienvenue Bojani

Un éléphant, des springboks, des zèbres... Il y a foule autour de ce point d'eau du parc national d'Etosha, une aire protégée de Namibie. **Jaren A Fernley**

Le feu qui semble éteint souvent dort sous la cendre.

Pierre Corneille *(1606-1684, dramaturge)*

Mercredi **5 mars**

Mercredi des Cendres
Ste Olive

Une fidèle, le front marqué d'une croix, prie à l'église rédemptoriste de Manille (Philippines) pendant les rites du mercredi des Cendres. **Aaron Favila**

La vie offre toujours deux pentes. On grimpe ou on se laisse glisser.

Pierre Hebey *(1926-2015, avocat, romancier)*

Mercredi **29 octobre**

St Narcisse

Une entrée spectaculaire sur la glace pour les hockeyeurs du club de Växjö, ville suédoise de la province méridionale du Småland. **Jonas Ljungdahl**

Faites sourire sur la terre, sur l'humanité le reflet de la beauté et de la lumière divine et vous aurez contribué grandement à l'œuvre de la paix.

Pie XII *(1876-1958, pape)*

Jeudi **6 mars**

Ste Colette

Quand des immeubles typiquement parisiens se reflètent dans la façade de la Samaritaine, célèbre grand magasin entièrement rénové. **Xavier Francolon**

C'est après l'âge des passions que les grands hommes ont produit leurs chefs-d'œuvre, comme c'est après l'éruption des volcans que la terre est plus fertile. ANTOINE DE RIVAROL *(1753-1801, ÉCRIVAIN)*

Mardi 28 octobre

ST JUDE

Le Klioutchevskoï en pleine activité en octobre 2023. Avec ses 4 688 mètres, ce volcan constitue le point culminant de la Sibérie (Russie). YELENA VERESHCHAKA

Vivre sans but, c'est naviguer sans boussole.

John Ruskin *(1819-1900, écrivain, poète, peintre britannique)*

Vendredi 7 **mars**

Stes Perpétue et Félicité

Balade touristique sur un radeau de bambou dans la pittoresque forêt aquatique de Jinhu, dans l'est de la Chine. Ji Chunpeng

La nuit est la preuve que le jour ne suffit pas.

Élisabeth Quin *(née en 1963, journaliste, écrivaine)*

Lundi **27 octobre**

Bse Émeline

Rencontre à distance par une belle nuit d'octobre dans le ciel de Francfort (Allemagne).
Michael Probst

L'égalité des genres est un objectif à atteindre pour une société équilibrée.

Simone Veil *(1927-2017, magistrate, femme d'État)*

Sam 8/dim 9 mars

St Jean de Dieu
Premier dimanche de Carême

Dans une rue de Nairobi (Kenya), une femme passe devant une fresque réalisée pour dénoncer les violences sexistes. **Brian Inganga**

Celui qui trouve sans chercher est celui qui a longtemps cherché sans trouver.

GASTON BACHELARD *(1884-1962, PHILOSOPHE)*

Sam **25**/dim **26** **oct.**

ST CRÉPIN
ST DIMITRI

Cet écureuil vivant près du village de Grasmere (nord de l'Angleterre) réussira-t-il à remettre les pattes sur le gland qu'il a enterré ? **SIMON WOODLEY**

L'artiste est un mouton qui se sépare du troupeau.

Witold Gombrowicz *(1904-1969, écrivain polonais)*

Lundi 10 mars

St Vivien

Le passage en file indienne d'un pont par un troupeau de chèvres et de moutons dans les environs enneigés de Mazgirt (Turquie). **Malik Kaya**

Les mains sont des symboles et parfois des révélations.

Ève Belisle *(1905-2002, poète, romancière canadienne)*

Vendredi **24 octobre**

St Florentin

Les mains de deux joueuses mexicaines durant un match de volleyball opposant leur équipe nationale à celle du Brésil, à Santiago du Chili. **Moises Castillo**

L'important est de bien savoir qu'on a le volcan sous les pieds afin de goûter son vrai plaisir d'homme libre.

JACQUES PERRET *(1901-1992, ÉCRIVAIN, JOURNALISTE)*

Mardi 11 mars

STE ROSINE

Des curieux observent de très près, en mars 2024, une éruption volcanique dans la péninsule de Reykjanes (Islande). **MARCO DI MARCO**

L’automne, c’est cousu de moments de grâce, qui ne durent pas.

JANINE BOISSARD *(NÉE EN 1932, FEMME DE LETTRES)*

Jeudi **23 octobre**

ST JEAN DE CAPISTRAN

Les teintes de l’automne harmonieusement rassemblées et disposées dans un pré des alentours de Francfort (Allemagne). **MICHAEL PROBST**

Ce que nous considérons parfois comme une pierre d'achoppement est plutôt un rocher sur lequel nous pouvons marcher.

Mère Teresa *(1910-1997, religieuse albanaise naturalisée indienne)*

Mercredi 12 mars

Bse Justine

Le départ, devant l'imposant Rocher de la Baume, à Sisteron, d'une étape de la course Paris-Nice en mars 2024. **Shutterstock**

L'insolite est inséparable de l'amour.

ANDRÉ BRETON *(1896-1966, POÈTE, ÉCRIVAIN)*

Mercredi **22 octobre**

ST JEAN-PAUL II

À l'automne, saison des amours, les cerfs brament pour attirer l'attention des femelles. Ici, dans le parc national d'Exmoor (Angleterre). **SHUTTERSTOCK**

Nommer, c'est aussi sauver.

Claudio Magris *(né en 1939, écrivain, journaliste italien)*

Jeudi **13 mars**

Sts Rodrigue et Salomon

Dans la Grande Synagogue chorale de Kiev (Ukraine) apprêtée pour la fête de Pourim, l'un des jours les plus importants du calendrier juif. **Vadim Ghirda**

On devrait élever une statue au silence.

Thomas Carlyle *(1795-1881, écrivain britannique)*

Mardi **21 octobre**

Ste Céline

Une vue aérienne des grottes Maijishan, dans le nord-ouest de la Chine, avec leurs statues d'argile accrochées à la paroi de la montagne. **Lang Bingbing**

Les hommes teintent le monde aux couleurs de leurs passions successives.

GILBERT CHOQUETTE *(1929-2022, ROMANCIER, POÈTE CANADIEN)*

Vendredi **14 mars**

STE MATHILDE

Le festival Lathmar Holi, à Barsana et Nandgaon (Inde), marque le début de la célébration de Holi, ou fête hindoue dite des couleurs. **SAURABH SIROHIYA**

C’est tout au fond de soi, dans l’obscurité des failles profondes, que l’on trouve parfois la force de se battre pour la lumière.

AGNÈS LEDIG *(NÉE EN 1972, ROMANCIÈRE)*

Lundi **20 octobre**

STE ADELINE

Une dévote allume à Dacca (Bangladesh) des lampes à l’occasion de Diwali, fête hindoue célébrant la victoire de la lumière sur l’obscurité. **JOY SAHA**

Le parcours de l'existence est un toboggan lancé à toute allure qui parfois ralentit on ignore pourquoi.

Dominique Rolin *(1913-2012, écrivaine belge)*

Sam 15/dim 16 mars

Ste Louise de Marillac
Bse Bénédicte d'Assise

Ce nageur ne semble pas particulièrement stressé par sa descente dans ce toboggan aquatique d'Adélaïde, en Australie... **Amer Ghazzal**

Il faut être deux pour être trois.

Benjamin Péret *(1899-1959, écrivain, poète)*

Sam **18**/dim **19** **oct.**

St Luc
St René

Petite séance sportive pour ces trois grenouilles dites volantes saisies sur le vif dans une forêt du sud du Kalimantan (Indonésie). **Ridho Arifuddin**

Tout le monde voudrait vivre longtemps, mais personne ne voudrait être vieux.

Jonathan Swift *(1667-1745, écrivain, essayiste irlandais)*

Lundi **17 mars**

St Patrick

Ferveur et joie chez cette enfant maquillée aux couleurs de l'Irlande lors de la parade de la Saint-Patrick à Chicago (États-Unis), en 2024. **Erin Hooley**

Qui a bonne tête ne manque pas de chapeau.

PROVERBE FRANÇAIS

Vendredi 17 octobre

ST IGNACE D'ANTIOCHE

De jeunes danseurs en tenue photographiés dans le quartier d'Intramuros, le plus ancien de Manille, la capitale des Philippines. KIN-WAI YUEN

La peau se souvient. Nous sommes des êtres de tissu.

Éric Fottorino *(né en 1960, journaliste, écrivain)*

Mardi **18 mars**

St Cyrille

Ces tissus mis à sécher au-dessus du lac Inle, au Myanmar, seront utilisés pour confectionner un vêtement traditionnel birman, le longyi. **Hilton Chen**

L'hirondelle ne fait pas le printemps, mais le chameau fait le désert.

Alfred Capus *(1857-1922, journaliste, écrivain)*

Jeudi 16 octobre

Ste Marguerite-Marie Alacoque

Des bédouins sur leurs montures dans le Sahara ? Non, des touristes à dos de chameau près de la ville de Bazhou, dans l'est de la Chine. **CFOTO**

Soyez à vous-mêmes votre propre refuge. Soyez à vous-mêmes votre propre lumière.

Bouddha *(VIe ou Ve siècle av. J.-C., chef spirituel)*

Mercredi 19 mars

St Joseph

Chaque année a lieu à Zagreb (Croatie) un festival des lumières célébrant l'arrivée du printemps. Ici, un spectacle de 2024. **Davor Puklavec**

Avec toi, doux espoir, réside la lumière céleste, qui répand le ravissement le plus lointain sur la vue.

THOMAS CAMPBELL *(1777-1844, ÉCRIVAIN ÉCOSSAIS)*

Mercredi **15 octobre**

STE THÉRÈSE D'AVILA

Pour admirer une éclipse du Soleil, comme ici depuis la Colombie, autant se mettre à son aise, les yeux bien protégés bien sûr. IVAN VALENCIA

Passage de l'intangible au tangible, l'équinoxe de printemps célèbre partout la naissance et la vie qui se déploie.

LAURENCE E. FRITSCH *(NÉE EN 1958, HISTORIENNE, ÉCRIVAINE)*

Jeudi **20** **mars**

PRINTEMPS
ST HERBERT

Célébration de l'équinoxe de printemps devant la pyramide du Soleil, le plus grand édifice du site archéologique de Teotihuacan (Mexique). **FERNANDO LLANO**

On est toujours trop prêt quand on a du courage.

Pierre Corneille *(1606-1684, dramaturge)*

Mardi **14 octobre**

St Calixte

L'audacieux auteur de cette photographie s'est-il dit que ce requin tigre était trop occupé à dévorer des poissons pour s'occuper de lui ? **Ken Kiefer**

Tout autour de nous le monde n'est plus que fleurs de cerisier.

Ryōkan *(1758-1831, moine, poète, calligraphe japonais)*

Vendredi 21 mars

Bse Clémence

Les cerisiers en fleurs font le bonheur des visiteurs du jardin botanique de Nankin, dans l'est de la Chine.
CFOTO

J'ai bâti de si beaux châteaux que les ruines m'en suffiraient.

Jules Renard *(1864-1910, écrivain)*

Lundi 13 octobre

St Géraud

Les ruines majestueuses du château médiéval de Dunnottar, bâti sur un éperon rocheux de la côte orientale de l'Écosse. **Charlotte Graham**

On apprend l'eau par la soif.

Emily Dickinson *(1830-1886, poétesse américaine)*

Sam **22**/dim **23** **mars**

Ste Léa
St Alphonse

Ces enfants de la bande de Gaza attendent une distribution d'eau pour pouvoir remplir leur bidon, en mars 2024. **Rizek Abdeljawad**

En ce monde, Dieu est le poète, les hommes ne sont que les acteurs.

Honoré de Balzac *(1799-1850, écrivain)*

Sam 11/dim 12 oct.

St Firmin
St Wilfried

En ratissant le riz doré pour qu'il sèche uniformément, des ouvriers de Bogra (Bangladesh) créent des figures géométriques. **Joy Saha**

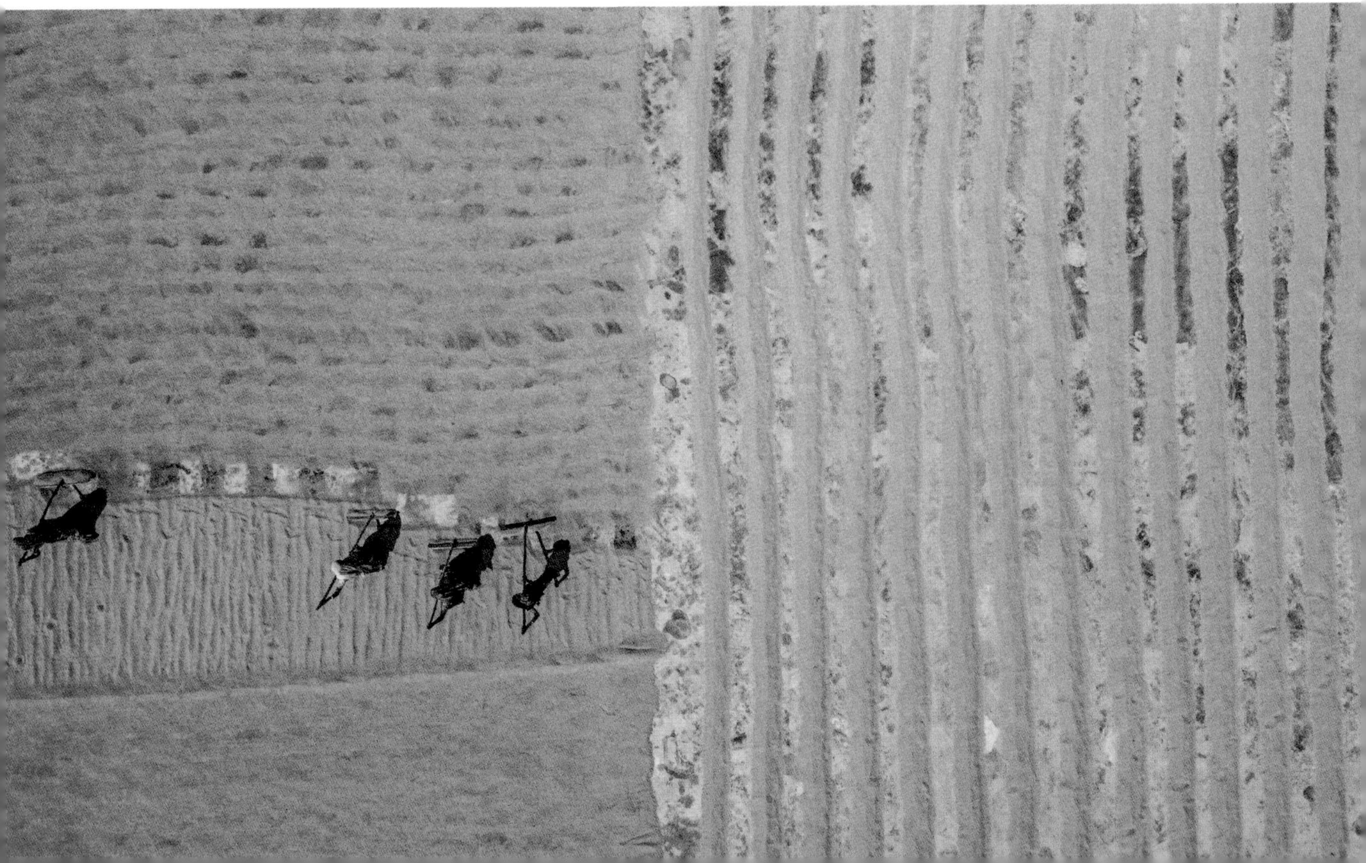

Lièvres je vous en prie souvenez-vous du jour du fameux jour où la tortue est arrivée avant vous.

Jacques Prévert *(1900-1977, poète, écrivain)*

Lundi 24 mars

Ste Catherine de Suède

Tout juste né sur la plage d'Exmouth (Australie), ce bébé tortue s'apprête à s'aventurer dans l'océan pour la première fois. **Gunther Riehle**

Ce grand Paris, où la foule se sent inobservée et libre.

Alphonse Daudet *(1840-1897, écrivain, auteur dramatique)*

Vendredi **10 octobre**

St Daniel

Quand la tour Eiffel se reflète dans une flaque d'eau sur l'esplanade du Trocadéro, qui lui fait face...
Pavel Golovkin

Si l'esclavage n'est pas mauvais, rien n'est mauvais.

ABRAHAM LINCOLN *(1809-1865, HOMME D'ÉTAT AMÉRICAIN)*

Mardi **25 mars**

ANNONCIATION

Abritée derrière un portail de sécurité, cette enfant observe une rue de Port-au-Prince, capitale d'Haïti, en proie à la violence des gangs. **ODELYN JOSEPH**

Il n'y a dans la nature que du noir et du blanc.

Francisco de Goya *(1746-1828, peintre, graveur espagnol)*

Jeudi 9 octobre

St Denis

Ce renne se reposant dans la neige vit sur l'archipel norvégien du Svalbard, qui s'étend à l'est du Groenland. **Isabel Jauss**

C'est formidable d'être à la disposition de son destin. Sinon, que se passe-t-il ? Rien.

Jacques Higelin *(1940-2018, auteur-compositeur-interprète)*

Mercredi **26 mars**

Ste Larissa

Ces musulmanes chiites prient durant Laylat al-Qadr, ou la Nuit du Destin, au sanctuaire d'Imamzadeh Saleh, à Téhéran (Iran). **Vahid Salemi**

Il y en a qui ont le cœur si vaste qu'ils sont toujours en voyage.

JACQUES BREL *(1929-1978, AUTEUR-COMPOSITEUR-INTERPRÈTE BELGE)*

Mercredi 8 octobre

STE PÉLAGIE

Un vol de montgolfières en début d'automne au-dessus de la Cappadoce, région volcanique du centre de la Turquie. **WU HUIWO**

La véritable force commence par la sagesse.

Jean Van Hamme *(né en 1939, romancier, scénariste belge)*

Jeudi **27 mars**

St Rupert

L'épreuve de force de deux bœufs musqués du parc national de Dovrefjell-Sunndalsfjella (Norvège). Lequel des deux l'emportera ? **Christian Surber**

Dans toutes les larmes s'attarde un espoir.

Simone de Beauvoir *(1908-1986, écrivaine, philosophe)*

Mardi 7 octobre

St Serge

Le drapeau israélien sur l'arc de Titus, à Rome (Italie), lors d'une marche en hommage aux victimes de l'attaque terroriste du 7 octobre 2023. **Matteo Nardone**

La vraie connaissance est de connaître l'étendue de son ignorance.

Confucius *(v. 551-479 av. J.-C., philosophe chinois)*

Vendredi **28 mars**

St Gontran

Des étudiants de l'université Sungkyunkwan de Séoul (Corée du Sud) vêtus d'uniformes pour la traditionnelle fête de bienvenue qui leur est réservée. **Kim Jae-Hwan**

Là où il n’y a pas de lutte, il n’y a pas de génie.

George Călinescu *(1899-1965, écrivain roumain)*

Lundi **6** **octobre**

St Bruno

Les lutteurs Hang Chong-song et Toshihiro Hasegawa lors de la finale des 57 kg aux Jeux asiatiques à Hangzhou (Chine) en octobre 2023. **Aaron Favila**

Comme l'encens ranime le charbon qui s'éteint, de même la prière ranime l'espérance dans le cœur de l'homme.

JOHANN W. VON GOETHE *(1749-1832, POÈTE, ÉCRIVAIN)*

Sam 29/dim 30 mars

STE GLADYS
BX AMÉDÉE

Sur la Piazza del Plebiscito, à Naples (Italie), des musulmans se livrent à la prière d'Aïd el-Fitr, la fête marquant la fin du ramadan. **KONTROLAB**

Obscurité, tu seras dorénavant pour moi la lumière.

André Gide *(1869-1951, écrivain)*

Sam 4/dim 5 oct.

St François d'Assise
Ste Faustine

La Voie lactée se reflète dans les miroirs du parc solaire Gansu-Dunhuang, centrale thermodynamique du nord-ouest de la Chine. **Jeff Dai**

La solitude n'est pas l'absence de compagnie, mais le moment où notre âme est libre de converser avec nous et de nous aider à décider de nos vies. PAULO COELHO *(NÉ EN 1947, ROMANCIER, JOURNALISTE BRÉSILIEN)*

Lundi 31 mars

ST BENJAMIN

Le parasol, un bon moyen pour se protéger contre le vent froid quand on pêche sur la plage de Barcelone (Espagne) au mois de mars. EMILIO MORENATTI

Comme un oiseau sur un câble [...] / J'ai essayé à ma façon d'être libre.

Leonard Cohen *(1934-2016, auteur-compositeur-interprète canadien)*

Vendredi 3 octobre

St Gérard

Ce munia rouge du Bengale-Occicental (Inde) se servira du brin d'herbe de kans qu'il tient dans son bec pour édifier son nid. **Kalyan Acharya**

Le jeu de l'amour, c'est le cœur et les sens jouant au colin-maillard, et passant perpétuellement l'un près l'autre sans jamais se toucher.

Malcolm de Chazal *(1902-1981, poète, écrivain, peintre mauricien)*

Mardi 1er avril

St Hugues

La parade nuptiale, chez les lièvres, confine souvent à la bagarre. Ici, dans la réserve Strumpshaw Fen, près de Norwich (Angleterre). **John Crooks**

Elles s'en vont, les pensées tristes, les années veuves, / Comme un bouchon qui s'accroche, un instant, dans les roseaux du fleuve.

FRANCIS BLANCHE *(1921-1974, ACTEUR, AUTEUR)*

Jeudi **2 octobre**

STS ANGES GARDIENS

Cette plage qui doit sa couleur rouge aux nombreux roseaux poussant dans les environs est celle de Panjin, ville du nord-est de la Chine. **CFOTO**

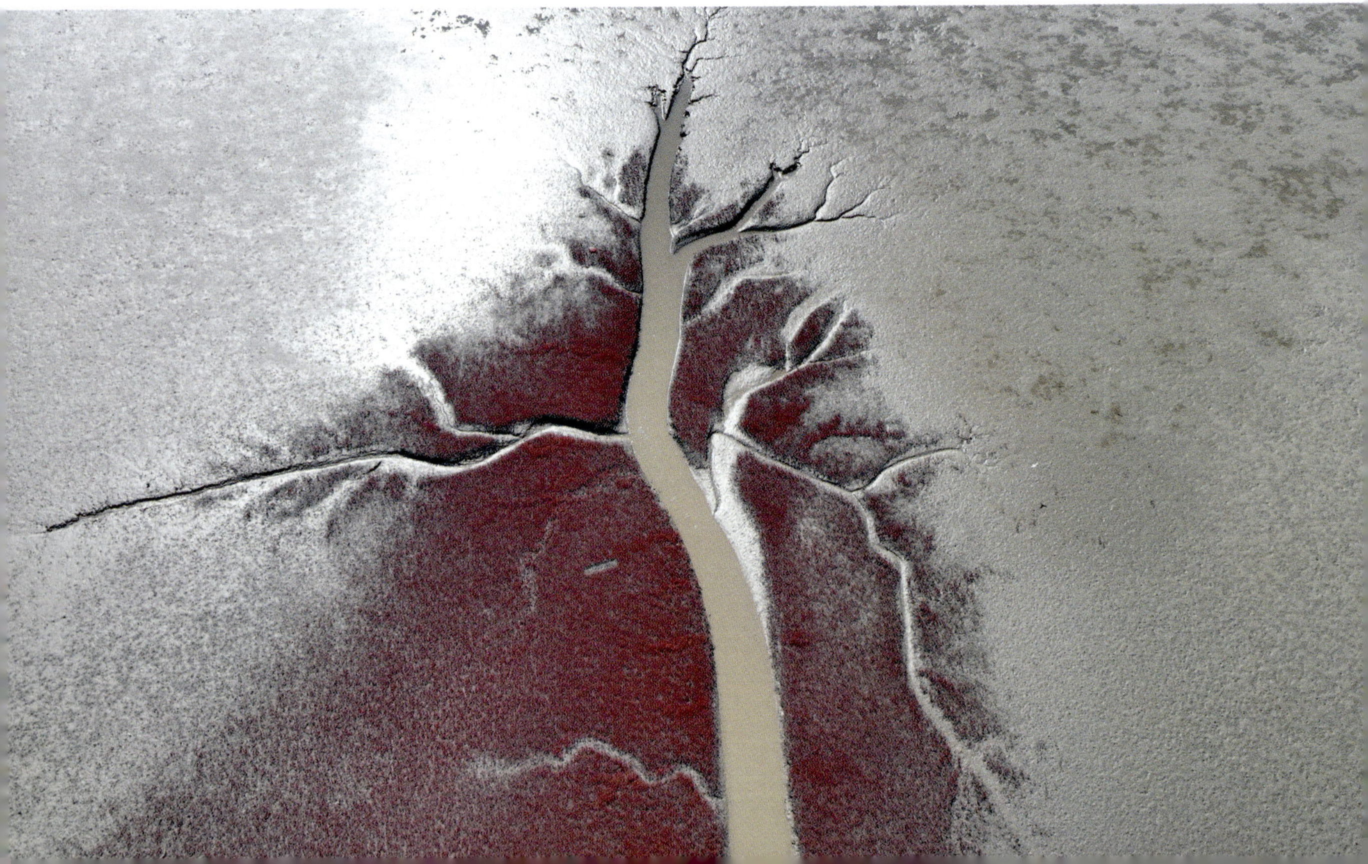

Ne méprisez la sensibilité de personne. La sensibilité de chacun, c'est son génie.

CHARLES BAUDELAIRE *(1821-1867, POÈTE)*

Mercredi **2 avril**

ST FRANÇOIS DE PAULE

À Ecatepec de Morelos (Mexique), le 2 avril 2024, dans le cadre d'un événement en lien avec la Journée mondiale de sensibilisation à l'autisme. RICK CRUZ

L’art de rester jeune : s’émerveiller de soi-même.

Ben Genaux *(1911-1996, instituteur, peintre, écrivain belge)*

Mercredi 1er octobre

Ste Thérèse de Lisieux

La Mexicaine Doña Mechita est célèbre pour donner des formes de dindes à ses piñatas, figurines traditionnelles remplies de sucreries. **Bénédicte Desrus**

Marcher ne serait rien en soi, fût-ce pendant près de mille kilomètres, s'il ne fallait emporter un certain nombre de choses indispensables.

JACQUES LACARRIÈRE *(1925-2005, ÉCRIVRAIN)*

Jeudi **3 avril**

ST RICHARD

Une patrouille de pompiers sur le spectaculaire tronçon nommé Jinshanling de la Grande Muraille de Chine, à 120 km au nord-est de Pékin. CFOTO

Si Dieu n'avait fait la femme, il n'aurait pas fait la fleur.

VICTOR HUGO *(1802-1885, ÉCRIVAIN, POÈTE)*

Mardi 30 septembre

ST JÉRÔME

Festival de couleurs au défilé de la créatrice Agatha Ruiz de la Prada lors de la Fashion Week de Madrid (Espagne), en septembre 2023. **BERNAT ARMANGUE**

Les mouettes naissent des mouchoirs que l'on agite au départ du bateau.

Ramón Gómez de la Serna *(1888-1963, écrivain espagnol)*

Vendredi **4 avril**

St Isidore

Des mouettes dans le ciel de Seattle (États-Unis), sur les rives des eaux côtières de l'Alaska du Sud-Est et de la Colombie-Britannique. **Lindsey Wasson**

Nous habitons tous des planètes éloignées.

Jean-Louis Aubert *(né en 1955, auteur-compositeur-interprète)*

Lundi **29 septembre**

Sts Gabriel, Raphaël et Michel, archanges

Devant une représentation de Saturne, au cœur de l'exposition numérique « Destination Cosmos », à Dortmund (Allemagne). **Martin Meissner**

Nos descendants seront plus beaux et plus heureux que nous.

Heinrich Heine *(1797-1856, écrivain)*

Sam 5/dim 6 avril

Ste Irène
St Célestin

Le 6 avril, les descendants d'immigrés écossais, notamment en Amérique du Nord, célèbrent le Tartan Day. Ici, à New York (États-Unis) en 2024. J. Mayer

La vie est un exil : chaque homme vit en lui-même comme en pays étranger.

JEAN ÉTHIER-BLAIS *(1925-1995, ÉCRIVAIN CANADIEN)*

Sam 27/dim 28 sept.

ST VINCENT DE PAUL
ST LAURENT RUIZ

Venus d'Afrique par la mer, ces migrants transitent à Porto Empedocle (Sicile) avant leur transfert vers d'autres centres d'accueil italiens. FLAVIO LO SCALZO

Qui vit en paix avec lui-même vit en paix avec l'univers.

MARC AURÈLE *(121-180, EMPEREUR ROMAIN)*

Lundi **7 avril**

ST JEAN-BAPTISTE DE LA SALLE

Complicité et détente au bord du lac de Planšar, dans la somptueuse vallée de Jezersko (Slovénie).
MARKO TODOROV

Une douceur, un calme étrange [...] imprégnaient l'atmosphère d'une délicieuse langueur.

Francis Carco *(1886-1958, écrivain)*

Vendredi **26** **septembre**

Sts Côme et Damien

Flottant tête en bas à la surface de la mer du Nord, au large des îles Farne (Angleterre), ce macareux est en train de pêcher. **Brian Matthews**

La pensée n'est qu'un éclair au milieu de la nuit. Mais c'est cet éclair qui est tout.

HENRI POINCARÉ *(1854-1912, MATHÉMATICIEN, PHYSICIEN)*

Mardi 8 avril

ST GAUTIER

Lors d'une nuit d'orage près de la centrale électrique d'Orot Rabin, aux abords de Hadera (Israël). ARIEL SCHALIT

Ma mémoire est un panorama ; là viennent se peindre sur la même toile les sites et les cieux les plus divers.

François-René de Chateaubriand *(1768-1848, écrivain)*

Jeudi **25 septembre**

St Firmin

À la découverte de Londres depuis la tour Horizon 22, qui offre depuis 2023 un point de vue unique sur la capitale britannique. **Geoff Pugh**

Le vrai progrès, c'est une tradition qui se prolonge.

MICHEL CRÉPEAU *(1930-1999, AVOCAT, HOMME POLITIQUE)*

Mercredi **9 avril**

ST DIMITRI

La course de chars à bœufs, une tradition séculaire au Cambodge qu'entretiennent notamment les villageois de la province de Kampong Speu. **PHEARUM**

Les secrets sont des piments sur le bout de la langue. Tôt ou tard ils mettent la bouche en feu.

CHRISTIAN BOBIN *(1951-2022, ÉCRIVAIN)*

Mercredi **24 septembre**

ST SILOUANE

Des agriculteurs du district de Gaotai procèdent au séchage des piments, une culture traditionnelle de cette région du nord de la Chine. **CFOTO**

On se prend souvent pour quelqu'un, alors qu'au fond, on est plusieurs.

Raymond Devos *(1922-2006, humoriste franco-belge)*

Jeudi **10 avril**

St Fulbert

« Transport en commun » un jour de printemps dans les rues de Cap-Haïtien, la deuxième plus grande ville d'Haïti après Port-au-Prince. **Ramón Espinosa**

Ce sont les grands feux qui s'enflamment au vent ; mais les petits s'éteignent, si on ne les y porte à couvert.

Saint François de Sales *(1567-1622, évêque, docteur de l'Église)*

Mardi 23 septembre

St Constant

En septembre, la ville de Tarragone (Espagne) est le théâtre de festivités données en l'honneur de sa sainte patronne, sainte Thècle. **Shutterstock**

Quelle belle journée ! Je n'ai pas eu à marcher. J'ai été porté par une onde violette.

Dario Fo *(1926-2016, écrivain, dramaturge, acteur italien)*

Vendredi **11 avril**

St Stanislas

Les jacinthes sauvages, qui y fleurissent en abondance au printemps, ont valu au bois de Hal (Belgique) le surnom de « forêt bleue ».
Geert Vanden Wijngaert

L'automne est le printemps de l'hiver.

HENRI DE TOULOUSE-LAUTREC *(1864-1901, PEINTRE)*

Lundi **22** **septembre**

AUTOMNE
ST MAURICE

Paysage d'automne près du village de Beiji, dans la province du Heilongjiang, à l'extrême nord-est de la Chine. **CFOTO**

Soulève-moi comme un rameau d'olivier et sois la colombe me montrant mon chemin.

LEONARD COHEN *(1934-2016, AUTEUR-COMPOSITEUR-INTERPRÈTE CANADIEN)*

Sam **12**/dim **13 avril**

ST JULES
DIMANCHE
DES RAMEAUX

Des prêtres coptes réunis en l'église du Saint-Sépulcre, à Jérusalem, pour la traditionnelle procession du dimanche des Rameaux, en 2024. **LEO CORREA**

Qui dit amour, dit la paix, la concorde et l'unité. C'est le grand pacificateur.

Jules Michelet *(1798-1874, historien)*

Sam 20/dim 21 sept.

St André Kim Taegon
St Matthieu

François, premier pape de l'histoire à se rendre en Mongolie, et le président Ukhnaagiin Khürelsükh, à Oulan-Bator (septembre 2023). **Vatican Media**

Le rite est une méditation active.

DION FORTUNE *(1890-1946, OCCULTISTE BRITANNIQUE)*

Lundi **14 avril**

ST MAXIME

Dans le temple de la Khalsa Diwan Society, à Vancouver (Canada), avant le défilé de Vaisakhi, une fête importante du calendrier sikh. **DARRYL DYCK**

Deux choses comptent : gagner et s'amuser. Gagner sans s'amuser n'a aucun intérêt.

ROGER ETCHETO *(1938-1996, RUGBYMAN, INSTITUTEUR)*

Vendredi **19 septembre** STE ÉMILIE

Au cœur de la Normandy Beach Race, une course rassemblant à Ouistreham autos et motos d'avant 1950 dans une ambiance vintage. **JEAN-MARC DAVID**

Il y a quelques rencontres dans la vie où la vérité et la simplicité sont le meilleur manège du monde.

JEAN DE LA BRUYÈRE *(1645-1696, MORALISTE)*

Mardi **15 avril**

ST PATERNE

Un troupeau de biches, le genre de rencontres que l'on peut faire en traversant la forêt aux alentours de Wehrheim (Allemagne)... **MICHAEL PROBST**

Le travail c'est la santé / Rien faire c'est la conserver.

MAURICE PON *(1921-2019, PAROLIER)*

Jeudi 18 septembre

STE NADÈGE

Sous le soleil de fin d'été, un monticule de neige en guise de coussin, cette ourse polaire de l'île de Baffin (Canada) s'accorde un moment de repos. **LIWEN TAO**

Nous devons apprendre à vivre ensemble comme des frères, sinon nous allons mourir tous ensemble comme des idiots.

MARTIN LUTHER KING *(1929-1968, PASTEUR AMÉRICAIN, MILITANT DES DROITS CIVIQUES)*

Mercredi **16 avril**

ST BENOÎT-JOSEPH

Une artisane du quartier de la réconciliation de Mybo, à Nyamata où, trente ans après le génocide au Rwanda, Tutsis et Hutus cohabitent. **BRIAN INGANGA**

Si la girouette pouvait parler, elle dirait qu'elle dirige le vent.

Jules Renard *(1864-1910, écrivain)*

Mercredi **17 septembre**

Ste Hildegarde de Bingen

Ces éoliennes en mer du Nord font partie d'un parc qui alimente en électricité 1,5 million de foyers. **Robin Utrecht**

Que sait du désert celui qui ne regarde qu'un grain de sable ?

Erik Orsenna *(né en 1947, écrivain, académicien)*

Jeudi **17 avril**

Jeudi Saint
Ste Kateri

Au cœur du désert de Hami, dans la province du Xinjiang (nord-ouest de la Chine), après une tempête de sable. **CFOTO**

Il faut entretenir la vigueur du corps, pour conserver celle de l'esprit.

Luc de Clapiers de Vauvenargues *(1715-1747, écrivain, moraliste)*

Mardi **16 septembre**

Sts Corneille et Cyprien

Au-dessus de la « rivière » durant la finale du 3 000 m steeple féminin des Championnats du monde d'athlétisme de 2023 à Budapest (Hongrie). **Meng Dingbo**

C'est par l'affection que nous manifestons à notre prochain que nous pouvons juger de la vérité et de la sincérité de notre véritable amour pour lui. DANIEL GAGNON *(NÉ EN 1946, ROMANCIER, PEINTRE CANADIEN)*

Vendredi 18 avril

VENDREDI SAINT
ST PARFAIT

Ce jeune garçon dépose des fleurs au cimetière de Kato Tritos, à Lesbos (Grèce), dernier lieu de repos pour les réfugiés morts en tentant de rejoindre l'île. PANAGIOTIS BALASKAS

Les Français et les Anglais sont de si bons ennemis qu'ils ne peuvent s'empêcher d'être des amis.

PETER USTINOV *(1921-2004, COMÉDIEN, ÉCRIVAIN BRITANNIQUE)*

Lundi **15 septembre**

NOTRE-DAME DES DOULEURS

Peu après son accession au trône, Charles III d'Angleterre s'adresse au Sénat français, à Paris, une première dans l'histoire. **ROMUALD MEIGNEUX**

La conviction est la volonté humaine arrivée à sa plus grande puissance.

Honoré de Balzac *(1799-1850, écrivain)*

Sam 19 /dim 20 avril

St Expédit
Pâques

Ce pénitent catholique se rend en pèlerinage à l'église Santa María d'Ujué, petit village de Navarre, dans le nord de l'Espagne. **Alvaro Barrientos**

Le chemin se construit en marchant.

Antonio Machado *(1875-1939, poète espagnol)*

Sam **13**/dim **14** **sept.**

St Jean
Chrysostome
Croix Glorieuse

Pour ce troupeau qui a passé l'été dans les montagnes, près d'Oberstdorf (Allemagne), l'heure est venue de regagner la vallée. **Matthias Schrader**

Le peuple, le feu et l'eau sont des forces indomptables.

Phocylide de Milet *(VIe siècle av. J.-C., auteur de maximes grec)*

Lundi **21 avril**

Lundi de Pâques
St Anselme

Célébration traditionnelle du lundi de Pâques, en costumes folkloriques et devant des spectateurs, dans le village d'Hollókő (Hongrie). **Denes Erdos**

J’ai mis du temps à comprendre mes nymphéas […] Et puis, tout d’un coup, j’ai eu la révélation des féeries de mon étang.

Claude Monet *(1840-1926, peintre)*

Vendredi 12 septembre

St Apollinaire
Le Saint Nom de Marie

Près de Barisal (Bangladesh), des ouvriers agricoles ramassent des nénuphars roses, qu’ils transportent dans des barques. **Bipul Ahmed**

La Terre n'appartient pas à l'homme, c'est l'homme qui appartient à la Terre.

Sitting Bull *(v. 1831-1890, chef des Sioux du Dakota, aux États-Unis)*

Mardi 22 avril

St Alexandre

Le vélo, un moyen de transport écologique, clament ces cyclistes rassemblés à Budapest (Hongrie) pour la Journée de la Terre, en 2024. **Attila Volgyi**

Seul le silence est grand, tout le reste est faiblesse.

Alfred de Vigny *(1797-1863, écrivain, poète)*

Jeudi 11 septembre

St Adelphe

Au Flight 93 National Memorial (Pennsylvanie, États-Unis), cette femme embrasse le nom de sa mère, victime des attentats du 11-Septembre. **Archie Carpenter**

L’homme n’a pas besoin de voyager pour s’agrandir ; il porte avec lui l’immensité.

François-René de Chateaubriand *(1768-1848, écrivain)*

Mercredi 23 avril

St Georges

Le ciel couvert de nuages témoignant d’un temps orageux au-dessus de Wichita (Kansas, États-Unis) et de son immense statue d’Indien. Travis Heying

Chaque jour il faut danser, fût-ce seulement par la pensée.

Nahman de Bratslav *(1772-1810, rabbin ukrainien)*

Mercredi 10 septembre

Bse Inès

Plus de 2 000 danseurs évoluent de concert sur la place de la cathédrale de Milan (Italie) lors de la fête de la danse, en septembre 2023. **Luca Ponti**

L’imagination est la meilleure compagnie de transport au monde.

Roger Fournier *(1929-2012, écrivain, réalisateur canadien)*

Jeudi **24 avril**

St Fidèle

Petite promenade sur l’eau (ou sur maman !) pour ces harles bièvres encore trop jeunes pour voler. Scène observée près de Mulhouse. **Azim Khan Ronnie**

La peinture a pour mission de parler à l'âme le langage des dieux.

Arsène Houssaye *(1815-1896, homme de lettres)*

Mardi **9 septembre**

Bx Alain de la Roche

Ces artisans de la région de Klaten (Indonésie) donnent la touche finale à leurs parapluies traditionnels, de véritables œuvres d'art. Syamsul Huda Yudha

Les grandes révolutions naissent des petites misères comme les grands fleuves des petits ruisseaux.

VICTOR HUGO *(1802-1885, ÉCRIVAIN, POÈTE)*

Vendredi **25 avril**

ST MARC

Émotion à Lisbonne (Portugal) lors du 50e anniversaire de la révolution des Œillets qui, le 25 avril 1974, a mis fin à la dictature fasciste. **ARMANDO FRANCA**

Faire vrai consiste donc à donner l'illusion complète du vrai.

Guy de Maupassant *(1850-1893, écrivain)*

Lundi **8 septembre**

Nativité de la Vierge Marie

Le sculpteur Hywel Pratley travaillant à Londres sur une statue de feu la reine d'Angleterre Élisabeth II destinée à la ville d'Oakham (Angleterre). **Geoff Pugh**

Nous n'avons pas besoin de maître, mais de liberté et d'égalité entre les hommes.

Vasil Levski *(1837-1873, révolutionnaire bulgare)*

Sam 26/dim 27 avril

Bse Alde
Ste Zita

De jeunes danseurs zoulous célébrant à Johannesburg le Jour de la liberté, qui commémore le 27 avril la fin de l'apartheid en Afrique du Sud. **AP Photo**

Prenez mon cœur, je vous l'offre madame, / Il est tout vôtre, et ne peut d'autre femme, / Tant vôtre il est, devenir serviteur.

PIERRE DE RONSARD *(1524-1585, POÈTE)*

Sam 6/dim 7 sept.

BX BERTRAND
STE REINE

Cette romantique composition a été réalisée avec des plantes de couleurs dans une rizière proche de la ville d'Anshan (nord-est de la Chine). **YAO JIANFENG**

L'amour-propre est un ballon gonflé de vent dont il sort des tempêtes quand on y fait une piqûre.

VOLTAIRE *(1694-1778, ÉCRIVAIN, PHILOSOPHE)*

Lundi **28 avril**

ST PIERRE MARIE CHANEL

Vue intérieure d'un ballon en train d'être gonflé pour le festival printanier de montgolfières de Pereslavl-Zalesski, en Russie. **VLADIMIR ASTAPKOVICH**

La prière a son langage.
À chacun de nous de le réinventer.

François Mauriac *(1885-1970, écrivain)*

Vendredi **5 septembre**

Ste Raïssa

Cette fidèle prie au passage du défilé portant des idoles de Bouddha lors du festival religieux Pancha Dan, à Bhaktapur (Népal). **Niranjan Shrestha**

Si j'ai pu voir plus loin,
c'est que je me tenais sur les épaules de géants.

Isaac Newton *(1642-1727, physicien, mathématicien et astronome anglais)*

Mardi 29 avril

Ste Catherine de Sienne

Offrant un étonnant spectacle préhistorique, ce lézard et sa « monture », un iguane, ont été observés sur les îles Galápagos (Équateur). **Rachelle Mackintosh**

On aime ce qui nous a émerveillé, et on protège ce que l'on aime.

JACQUES-YVES COUSTEAU *(1910-1997, EXPLORATEUR OCÉANOGRAPHIQUE)*

Jeudi **4 septembre**

STE ROSALIE

C'est dans la réserve nationale du Masai Mara, le parc le plus célèbre du Kenya, qu'ont été photographiés cette mère girafe et son petit. AHMED ELSHESHTAWY

Le jour où la légèreté m'abandonnera, je pense que je m'abandonnerai aussi.

Yasmina Reza *(née en 1959, femme de lettres)*

Mercredi **30 avril**

St Robert

Jeu de ballon en plein cœur de la mosquée Fatih, un bel exemple d'architecture ottomane et islamique à Istanbul (Turquie). **Khalil Hamra**

Quand tu arrives en haut de la montagne, continue de grimper.

PROVERBE TIBÉTAIN

Mercredi 3 septembre

ST GRÉGOIRE

Des glaciologues en route, en septembre 2023, vers la croix de Cassini pour observer le glacier de Sarenne (Isère), en train de disparaître. KONRAD K.

Je travaille à être heureux : c'est le plus beau des métiers.

Robert Lassus *(1930-2004, journaliste, écrivain)*

Jeudi 1er mai

Fête du Travail
St Joseph travailleur

En route pour le traditionnel cortège de la fête du Travail, le 1er mai 2024, à Santiago du Chili.
Matias Basualdo

On compte plus facilement ses moutons que ses amis.

SOCRATE (V. 470-399 AV. J.-C., PHILOSOPHE GREC)

Mardi **2 septembre**

STE INGRID

Tous les ans depuis plusieurs siècles, en Turquie, les bergers se réunissent début septembre pour peindre et laver leurs troupeaux ensemble. BAHADIR SANSARCI

L’humour est l’adrénaline des optimistes.

SERGE UZZAN *(NÉ EN 1963, PUBLICITAIRE)*

Vendredi **2 mai**

ST ATHANASE

Pose de star, oreilles dans le vent, coup de langue en plus, pour ce chien portraituré par l’Allemand Christian Vieler, spécialiste du genre. **CHRISTIAN VIELER**

L'éducation est un éternel recommencement.

Carl de Souza *(né en 1949, écrivain mauricien)*

Lundi 1er septembre

St Gilles

Un petit salut en guise d'encouragement sur le chemin de l'école, le jour de la rentrée, à Tampa (Floride, États-Unis). **Jefferee Woo**

À l'envers des nuages, il y a toujours un ciel.

Muhammad Al-Fayturi *(1936-2015, poète, écrivain soudano-libyen)*

Sam 3/dim 4 mai

Sts Philippe et Jacques
St Sylvain

Un arc-en-ciel au-dessus des nuages. Ce phénomène météorologique a été saisi lors d'un vol entre Bristol (Angleterre) et Madère (Portugal). **Joann Randles**

Car, lequel de vous, s'il veut bâtir une tour, ne s'assied d'abord pour calculer la dépense et voir s'il a de quoi la terminer [...] ?

ÉVANGILE SELON SAINT LUC

Sam 30 /dim 31 août

ST FIACRE
ST ARISTIDE

La tradition catalane des *castells* (pyramides humaines) connaît chaque année un temps fort le 30 août à Vilafranca del Penedès (Espagne). ERIC RENOM

Les cités sont des anges pour qui sait se blottir sous leurs plumes.

JEAN BASILE BEZROUDNOFF *(1932-1992, ÉCRIVAIN, JOURNALISTE CANADIEN)*

Lundi **5 mai**

STE JUDITH

Vue nocturne sur l'*Ange de l'Indépendance*, statue de bronze doré trônant à Mexico (Mexique) au sommet d'une haute colonne. MATIAS DELACROIX

Il doit exister entre l'amour et l'amitié un sentiment infiniment précieux et délicat qui s'appelle la tendresse.

MARIE-BERNADETTE DUPUY *(NÉE EN 1952, ÉCRIVAINE)*

Vendredi **29 août**

STE SABINE

Les jumeaux suricates Pop et Corn quelques semaines après leur naissance au Manor Wildlife Park, au pays de Galles. ANDREW BARTLETT

Étudie, non pour savoir plus, mais pour savoir mieux.

SÉNÈQUE *(V. 4 AV. J.-C.-65 AP. J.-C., PHILOSOPHE ROMAIN)*

Mardi **6 mai**

BSE PRUDENCE

De jeunes novices, livres en main, aux fenêtres du célèbre monastère bouddhiste en bois Shwe Yan Pyay, au Myanmar. **NANTAPON PATTAMAKIJSAKUL**

Je crois que si l'on regardait toujours les cieux, on finirait par avoir des ailes.

GUSTAVE FLAUBERT *(1821-1880, ÉCRIVAIN)*

Jeudi 28 août

ST AUGUSTIN

Un parapluie peut toujours être utile, même au soleil et en pleine chaleur, même à vélo. Scène de la vie quotidienne à Pékin (Chine). ANDY WONG

Ce qui ne peut être évité, il faut l'embrasser.

William Shakespeare *(1564-1616, dramaturge)*

Mercredi **7 mai**

Bse Gisèle

Séquence câlins pour ces deux escargots blancs albinos observés près d'un étang de la province de Java Ouest, en Indonésie. **Dzul Dzulfikri**

Vivre signifie être conscient, joyeusement, jusqu'à l'ébriété.

Henry Miller *(1891-1980, romancier, essayiste américain)*

Mercredi **27 août**

Ste Monique

La « Tomatina », traditionnelle bataille de tomates, bat son plein à Buñol, près de Valence (Espagne), à la grande joie de ses participants. **Alberto Saiz**

C'est parce qu'on imagine simultanément tous les pas qu'on devrait faire qu'on se décourage, alors qu'il s'agit de les aligner un à un.

MARCEL JOUHANDEAU *(1888-1879, ÉCRIVAIN)*

Jeudi **8 mai**

ST DÉSIRÉ
VICTOIRE 1945

Des chaussures de danse, mises en vente à La Paz (Bolivie), lors d'une fête annuelle mettant en valeur le folklore andin. JUAN KARITA

L’individu en foule est un grain de sable au milieu d’autres grains de sable que le vent soulève à son gré.

PATRICK MENEY *(NÉ EN 1948, JOURNALISTE, ÉCRIVAIN)*

Mardi **26 août**

ST CÉSAIRE

Une nuée d’oiseaux dans le ciel de Francfort (Allemagne), dont on distingue, en arrière-plan, le quartier d’affaires.
MICHAEL PROBST

Je donnerais tous les paysages du monde pour celui de mon enfance.

EMIL CIORAN *(1911-1995, PHILOSOPHE)*

Vendredi **9 mai**

ST PACÔME

Un volcan ? Non, une colline proche de la ville chinoise de Xingyi, couronnée par d'anciennes fortifications.
LIU XU

Faites la fête avec tout votre corps, avec tout votre être. Et tant pis si vous y laissez quelques plumes. Ça repousse !

SOPHIE CHAUVEAU *(NÉE EN 1953, ÉCRIVAINE, JOURNALISTE)*

Lundi 25 août

ST LOUIS

Aucun costume n'est trop recherché pour les participants du Carnaval de Notting Hill (Londres), qui célèbre les traditions afro-caribéennes. STEPHEN CHUNG

Je trouve mes plus grands bonheurs dans les petits plaisirs.

Françoise Chandernagor *(née en 1945, femme de lettres)*

Sam **10**/dim **11 mai**

Ste Solange
Ste Estelle

Une bonne glace dans un joli décor offert par un rhododendron en fleurs à Leeds (Angleterre), que rêver de mieux pour cette fillette ? Andrew McCaren

Certains peintres transforment le soleil en un point jaune ; d'autres transforment un point jaune en soleil.

Pablo Picasso *(1881-1973, artiste)*

Sam 23/dim 24 août

Ste Rose de Lima
St Barthélémy

Lors de la cérémonie de « l'ensoleillement du Bouddha », des moines de Lhassa (Tibet, Chine) dévoilent une immense peinture traditionnelle. **Tenzin Nyida**

Un homme sans culture ressemble à un zèbre sans rayures.

PROVERBE AFRICAIN

Lundi **12 mai**

ST ACHILLE

Un groupe de zèbres, et leurs parfaits reflets dans l'eau, au cœur du parc national d'Amboseli, l'un des plus grands du Kenya. CLINT RALPH

Les performances individuelles, ce n'est pas le plus important. On gagne et on perd en équipe.

ZINEDINE ZIDANE *(NÉ EN 1972, FOOTBALLEUR, ENTRAÎNEUR DE FOOTBALL)*

Vendredi **22 août**

ST FABRICE

Une charge de la Française Gabrielle Vernier, ballon en main, lors d'un match du Tournoi des Six Nations opposant la France à l'Angleterre (2024). **DANIEL VAQUERO**

Rien ne se perd, rien ne se crée, tout se transforme.

ANTOINE LAVOISIER *(1743-1794, CHIMISTE, PHILOSOPHE)*

Mardi 13 mai

NOTRE-DAME DE FÁTIMA

Ces rectangles colorés sont composés de morceaux de plastique rassemblés manuellement à Dacca (Bangladesh) de façon à être recyclés. **SHAFIUL ALAM**

Je t'attendrai à la porte du garage / Tu paraîtras dans ta superbe auto.

Charles Trenet *(1913-2001, auteur-compositeur-interprète)*

Jeudi 21 août

St Christophe

Comment un tamia trouvant un jouet dans un jardin du New Jersey (États-Unis) devient en un instant un automobiliste d'un nouveau genre… **Joseph Ridgeway**

La seule arme des enfants contre le monde, c'est l'imaginaire.

Claude Miller *(1942-2012, cinéaste)*

Mercredi **14 mai**

St Matthias

Une enfant palestinienne dans un abri de fortune après l'évacuation de la ville de Rafah, dans la bande de Gaza, en mai 2024. **Omar Ashtawy**

La mer est ton miroir ; tu contemples ton âme / Dans le déroulement infini de sa lame.

Charles Baudelaire *(1821-1867, poète)*

Mercredi **20 août**

St Bernard

Sortie matutinale au large de Cape Elizabeth, dans le Maine (États-Unis), pour cette adepte du paddle. **Robert F. Bukaty**

Une famille qui crie est une famille unie.

Gérald Godin *(1938-1994, écrivain, homme politique canadien)*

Jeudi 15 mai

Ste Denise

C'est à un véritable ballet, les pattes dans l'eau, que se livrent ces flamants roses observés dans le district de Porbandar, en Inde. **Hira Punjabi**

La couleur est la gloire de la lumière.

JEAN GUITTON *(1901-1999, PHILOSOPHE, ÉCRIVAIN)*

Mardi **19 août**

ST JEAN EUDES

Scène de l'industrie textile de Narayanganj (Bangladesh) : les tissus tout juste teints sont étendus de manière à sécher au soleil. **PROTAP SHEHKOR MOHANTO**

En Grèce, on a envie de se baigner dans le ciel.

HENRY MILLER *(1891-1980, ROMANCIER, ESSAYISTE AMÉRICAIN)*

Vendredi **16 mai**

ST HONORÉ

Soleil… et pluie : la ville d'Athènes (Grèce) offrait un étonnant spectacle à l'heure du crépuscule de cette chaude journée de mai 2024.
PETROS GIANNAKOURIS

J'habite une grande campagne inondée de fleurs et de soleil.

ALPHONSE DAUDET *(1840-1897, ÉCRIVAIN, AUTEUR DRAMATIQUE)*

Lundi 18 août

STE HÉLÈNE

Ce mulot du Lincolnshire (Angleterre) pouvait-il trouver un meilleur endroit qu'une fleur de tournesol pour s'abriter ? **BOB RIACH**

La tendance la plus profonde de toute activité humaine est la marche vers l'équilibre.

JEAN PIAGET *(1896-1980, BIOLOGISTE, PSYCHOLOGUE SUISSE)*

Sam 17/dim 18 mai

ST PASCAL
ST ÉRIC

Récipients sur la tête, ces femmes en costumes traditionnels descendent chercher de l'eau à un puits de Jaipur, en Inde. **BARRY CROSSTHWAITE**

Le cheval court, le cavalier se vante.

PROVERBE KURDE

Sam 16/dim 17 août

ST ARMEL
ST EUSÈBE

Le Palio de Sienne (Italie). Tous les ans, cette course équestre attire des milliers de personnes. Plus qu'une tradition, une institution. ROCCO SPAZIANI

Une bonne imitation est une nouvelle invention.

Xavier de Maistre *(1763-1852, écrivain)*

Lundi **19 mai**

St Yves

On aura reconnu une célèbre scène de *Titanic*, rejouée par des spectateurs d'un festival de cinéma sur l'eau à Iquitos, au Pérou. **Rodrigo Abd**

Crois et tu comprendras : la foi précède, l'intelligence suit.

Saint Augustin *(354-430, philosophe, théologien)*

Vendredi 15 août

Assomption de la Vierge Marie

Ces femmes orthodoxes marchent en procession vers l'église du Sépulcre de la Vierge, à Jérusalem, lors de la fête de l'Assomption. **Ohad Zwigenberg**

Abeille : petit insecte capable de fabriquer du ciel.

Pef *(né en 1939, écrivain, illustrateur)*

Mardi **20** **mai**

St Bernardin

Le 20 mai est la Journée mondiale des abeilles. Ici, un bourdon butine un coquelicot dans un champ proche de Francfort (Allemagne). **Michael Probst**

La nature aime à se cacher.

HÉRACLITE *(V. 544-V. 480 AV. J.-C., PHILOSOPHE GREC)*

Jeudi **14** **août**

ST MAXIMILIEN KOLBE

Qui dit tulipe ne dit pas forcément Pays-Bas. C'est en Tasmanie (Australie) que ces amusants border collies posent dans un champ en fleurs. **REBECCA KOSTKA**

Ah ! Si tout le jour je me sentais aussi bien qu'au sortir du bain.

RYŌKAN *(1758-1831, MOINE, POÈTE, CALLIGRAPHE JAPONAIS)*

Mercredi 21 mai

ST CONSTANTIN

Dans la piscine d'un complexe hôtelier de la province de Bulacain (Philippines), un jour caniculaire de mai.
ROUELLE UMALI

C’est la vie, la vie c’est du vent / Qui nous souffle les rêves d’enfant.

Marc Lavoine *(né en 1962, chanteur, parolier, acteur)*

Mercredi **13 août**

St Hippolyte

Le Fils de la Terre : ainsi s’intitule cette immense sculpture en grès de Dong Shubin installée près de Guazhou (nord-ouest de la Chine). **CFOTO**

Un homme qui a fait une fois un bond dans le Paradis, comment pourrait-il s'accommoder ensuite de la vie de tout le monde ?

Alain-Fournier *(1886-1914, écrivain)*

Jeudi **22** **mai**

St Émile

Qui de cette femme et de son chien sautera le plus haut ? Vu à Saint-Pétersbourg (Russie), sur fond de golfe de Finlande. **Dmitri Lovetsky**

La jeunesse est une religion dont il faut toujours finir par se convertir.

André Malraux *(1901-1976, écrivain, homme politique)*

Mardi 12 août

Ste Jeanne

Tout a été prévu lors des Journées mondiales de la jeunesse 2023 à Lisbonne (Portugal), y compris les confessionnaux de campagne. **Rita Franca**

Vous oubliez que les fruits sont à tous et que la terre n'est à personne.

Jean-Jacques Rousseau *(1712-1778, philosophe)*

Vendredi 23 mai

St Didier

Cet ouvrier se détend à Dacca (Bangladesh) contre une montagne de pastèques qu'il va bientôt falloir livrer. **Shafiul Alam**

La bonne lavandière lave sa blouse d'abord.

Proverbe espagnol

Lundi **11 août**

Ste Claire

Les temps ont changé… Devant une fresque de Calzada del Coto (Espagne) rendant hommage à des femmes en pleine corvée de linge. Luis Soto

Tendre mère ! Vous ne m'abandonnez pas, même en rêve.

Benjamin Constant *(1767-1830, romancier, homme politique)*

Sam 24/dim 25 mai

Sts Donatien
et Rogatien
Fête des Mères

Ce poulain islandais qui se tient près de sa mère vient tout juste de voir le jour dans un haras de Wehrheim, près de Francfort (Allemagne). **Michael Probst**

Le cri d'un peuple libre est celui de la gloire.

FABRE D'ÉGLANTINE *(1750-1794, DRAMATURGE, POÈTE)*

Sam 9/dim 10 août

STE THÉRÈSE BÉNÉDICTE
DE LA CROIX
ST LAURENT

Ces membres de peuples autochtones attendent un vote de la Cour suprême concernant leurs droits constitutionnels, à Brasilia (Brésil). **ERALDO PERES**

Le seul mauvais choix est l'absence de choix.

Amélie Nothomb *(née en 1966, écrivaine belge)*

Lundi **26** **mai**

St Béranger

Un Sud-Africain accomplissant son devoir de citoyen dans un bureau de vote de Nkandla, lors des élections générales de mai 2024. **Emilio Morenatti**

Le pêcheur qui, à coups de rames, fait avancer sa barque, a son passé devant lui et son avenir dans le dos.

Sophocle *(495-406 av. J.-C., dramaturge grec)*

Vendredi 8 août

St Dominique

Après avoir lancé leur filet circulaire dans les eaux du Brahmapoutre, des pêcheurs bangladais s'apprêtent à remonter leurs prises. **Shafiul Islam**

La liberté, c'est l'indépendance de la pensée.

ÉPICTÈTE *(V. 50-V. 125, PHILOSOPHE GREC)*

Mardi **27 mai**

ST AUGUSTIN DE CANTORBÉRY

Le navire allemand *Frankfurt am Main* en 2024 près de la statue de la Liberté, à New York (États-Unis), lors de la traditionnelle Fleet Week. YUKI IWAMURA

Peut-être la paix est-elle plus que le bonheur.

HENRI BOSCO *(1888-1976, ROMANCIER)*

Jeudi **7 août**

ST GAÉTAN

Lâcher de colombes au terme d'une prière pour la paix au sanctuaire Yasukuni de Tokyo (Japon).
EUGENE HOSHIKO

Qui parle sème ; qui écoute récolte.

Pythagore *(v. 580-v. 495 av. J.-C., philosophe grec)*

Mercredi **28 mai**

St Germain

La récolte manuelle du riz, capturée par un drone, aux alentours du village indonésien de Krueng Seupeng.
Fachrul Reza

Que l'esprit vogue plus librement sur cette étendue sans limites, dont la contemplation vous élève l'âme et donne des idées d'infini, d'idéal.

GUSTAVE FLAUBERT *(1821-1880, ÉCRIVAIN)*

Mercredi 6 août

TRANSFIGURATION

Œuvre de Sergei Pauker-Bravine, cette silhouette surplombant la mer Noire est l'une des créations du parc artistique Tavrida, en Crimée. **SERGEI MALGAVKO**

L’inattendu est la signature authentique du divin.

CHRISTIAN BOBIN *(1951-2022, ÉCRIVAIN)*

Jeudi **29 mai**

ASCENSION

Rencontre, à travers une vitre, entre une baleine blanche et des touristes dans le parc aquatique chinois Sun Asia Ocean World, à Dalian. **ZHANG LEI**

La danse est un poème.

Denis Diderot *(1713-1784, écrivain, philosophe)*

Mardi 5 août

St Abel

De jeunes danseuses du Manipur (Inde) dans leur costume traditionnnel à l'occasion du festival Jhulan Yatra, à Sylhet (Bangladesh). **Md Rafayat Haque Khan**

L'aurore ressemble à un regard d'une tendresse infinie.

Nicole Houde *(1945-2016, écrivaine canadienne)*

Vendredi 30 **mai**

St Ferdinand

Un train régional dans la campagne des alentours de Francfort (Allemagne), par un matin brumeux du mois de mai. **Michael Probst**

C’est le vrai droit du jeu de tromper le trompeur.

Charles Perrault *(1628-1703, homme de lettres)*

Lundi **4 août**

St Jean-Marie Vianney

« Je te tiens, tu me tiens… » L’heure est au jeu pour ces jeunes jumeaux du parc national des Éléphants d’Addo (Afrique du Sud). **Anne Laing**

C'est toujours ce qui éclaire qui demeure dans l'ombre.

Edgar Morin *(né en 1921, sociologue, philosophe)*

Sam 31 mai/dim 1er juin

Visitation de la Vierge Marie
St Justin

Les statues des saints et du Christ couronnant la façade de la basilique Saint-Pierre se détachent sur le ciel nuageux de Rome. **Matteo Nardone**

La mémoire rend les êtres et les lieux impalpables.

Dominique Blondeau *(1942-2023, écrivaine canadienne)*

Sam 2/dim 3 août

St Pierre-Julien Eymard
Ste Lydie

La soprano Isabela Stănescu au mémorial de l'Holocauste, à Bucarest (Roumanie), lors de la journée de commémoration du génocide des Roms, en 2023. **Andreea Alexandru**

L'étreinte est le plus haut langage du corps et de l'âme.

Jacques de Bourbon Busset *(1912-2001, écrivain, diplomate)*

Lundi **2 juin**

Ste Blandine

L'équipe américaine de hockey sur glace des Golden Knights de Vegas en liesse après une victoire à Las Vegas (États-Unis), en juin 2023. **Abbie Parr**

Tout nuage n'enfante pas une tempête.

William Shakespeare *(1564-1616, dramaturge)*

Vendredi **1er août**

St Alphonse-Marie

De gros nuages, à la fois cotonneux et menaçants, se sont formés au-dessus de la forêt du Harz, dans le nord de l'Allemagne. **Matthias Schrader**

Aimer un être, c’est le rendre transparent.

JEAN RACINE *(1639-1699, DRAMATURGE, POÈTE)*

Mardi **3 juin**

ST KEVIN

Une méduse commune, ou méduse lune (*Aurelia aurita*), observée dans les eaux de la mer du Japon.
YURI SMITYUK

Quand on n'a pas la force, il faut avoir la ruse, arme de l'intelligence.

Maurice Toesca *(1904-1998, écrivain, journaliste)*

Jeudi **31 juillet**

St Ignace de Loyola

Pour chasser des mouches, ce choucas du Bushy Park (Richmond upon Thames, Angleterre) n'a pas hésité à se poser sur la tête d'un cervidé ! **Victor Soares**

Quand je n'ai pas de bleu, je mets du rouge.

Pablo Picasso *(1881-1973, artiste)*

Mercredi 4 juin

Ste Clotilde

Cette ouvrière du village de Sicha, au Bangladesh, met à sécher au soleil des plats en argile qui ont été teints.
Shafiul Islam

Il faut apprendre à rester serein au milieu de l'activité et à être vibrant de vie au repos.

Mahatma Gandhi *(1869-1948, guide spirituel, dirigeant politique indien)*

Mercredi **30 juillet**

Ste Juliette

Ces jeunes jockeys prennent une pause bien méritée après la course de poneys du Game Fair, à Ragley Hall (Angleterre). **Solent News**

La beauté du monde qui disparaîtra bientôt a deux extrémités : celle du rire et celle de l'angoisse, coupant le cœur en deux.

Virginia Woolf *(1882-1941, femme de lettres anglaise)*

Jeudi 5 juin

St Boniface

Des glaciologues viennent prendre des mesures sur le glacier du Rhône (Suisse), en net recul depuis plusieurs décennies. **Matthias Schrader**

Ô nuit je vois tes cieux/
S'étoiler calmement.

GUILLAUME APOLLINAIRE *(1880-1918, POÈTE, ÉCRIVAIN)*

Mardi 29 juillet

STE MARTHE

La Nuit étoilée de Vincent Van Gogh, projetée sur les murs d'une salle du musée de l'Exposition universelle de Shanghai (Chine). LI XINYI

S'il ne croit plus qu'il puisse sauver ses frères, l'homme est perdu.

MAXENCE VAN DER MEERSCH *(1907-1951, AVOCAT, ÉCRIVAIN)*

Vendredi **6 juin**

ST CLAUDE

Des figurants en tenues d'époque à Omaha Beach (Saint-Laurent-sur-Mer), lors du 79e anniversaire du débarquement du 6 juin 1944. **THOMAS PADILLA**

On devrait vivre sa vie à l'envers pour ne pas la rater.

DAVID FOENKINOS *(NÉ EN 1974, ÉCRIVAIN, CINÉASTE)*

Lundi **28 juillet**

ST SAMSON

Avant le départ du Rallye de la Route de la Soie, depuis Kazan (Russie) en juillet 2023, ce motard montre de quoi il est capable. **VLADIMIR ASTAPKOVICH**

On gagne plus avec le cœur, avec la volonté, qu'avec autre chose.

Rafael Nadal *(né en 1986, tennisman espagnol)*

Sam **7**/dim **8** **juin**

St Gilbert
Pentecôte

Retour gagnant pour l'Espagnol Carlos Alcaraz à Roland-Garros, lors de l'édition 2024 du célèbre tournoi parisien de tennis. **Meng Dingbo**

L'imagination s'élève plus haut que le meilleur cerf-volant.

Lauren Bacall *(1924-2014, actrice américaine)*

Sam **26**/dim **27** **juill.**

Sts Anne
et Joachim
Ste Nathalie

Le ciel se remplit de formes et de couleurs lors du festival international annuel du cerf-volant de Portsmouth (Angleterre). **Oliver Dixon**

L'aventure est dans chaque souffle de vent.

Charles Lindbergh *(1902-1974, aviateur américain)*

Lundi **9 juin**

Lundi de Pentecôte
St Ephrem

Un surfeur en pleine action sur l'impressionnant mascaret nommé « Pororoca », à l'embouchure de l'Amazone, près de Chaves (Brésil). **Eraldo Peres**

Toute vie véritable est rencontre.

Martin Buber *(1878-1965, philosophe israélien et autrichien)*

Vendredi **25 juillet**

St Jacques le Majeur

Ces adorables hermines photographiées dans le nord de l'Angleterre profitent en jouant de la chaleur du soleil d'un beau matin estival. **Carrie Calvert**

Accompagner quelqu'un, c'est se placer ni devant, ni derrière, ni à la place. C'est être à côté.

Joseph Templier *(1921-2017, abbé)*

Mardi **10 juin**

St Landry

Ces poneys Welsh cob, survolés par des oiseaux, paissent dans un marais salant proche de Crofty, au pays de Galles. **Joann Randles**

Je suis jeune, il est vrai ; mais aux âmes bien nées, la valeur n'attend pas le nombre des années.

PIERRE CORNEILLE *(1606-1684, DRAMATURGE)*

Jeudi 24 juillet

STE CHRISTINE

Cérémonie d'ouverture de l'Universiade d'été à Chengdu (Chine) en 2023, compétition multisports que l'Allemagne accueille à son tour en 2025. JIANG HONGJING

Tous les dragons de notre vie ne sont peut-être que des princesses qui attendent de nous voir heureux ou courageux.

RAINER MARIA RILKE *(1875-1926, ÉCRIVAIN AUTRICHIEN)*

Mercredi 11 juin

ST BARNABÉ

Le décor, vu du haut, d'un spectacle de lanternes organisé sur l'eau dans la ville de Ningguo, dans l'est de la Chine. LI XIAOHONG

La force de l'eau vient de la source.

Proverbe persan

Mercredi 23 juillet

Ste Brigitte

Alors que la température dépasse 35 °C, ces jeunes gens se rafraîchissent dans une cascade d'Islamabad (Pakistan). **Anjum Naveed**

L'enfance est un papillon qui se hâte de brûler ses blanches ailes aux flammes de la jeunesse.

Aloysius Bertrand *(1807-1841, poète, dramaturge)*

Jeudi **12 juin**

Bx Guy

Cet enfant de Surrey, au Canada, n'a pas vraiment l'air effrayé par ce papillon issu d'un élevage dont ses camarades et lui se sont occupés ! **Darryl Dyck**

La véritable élégance consiste à ne pas se faire remarquer.

GEORGE BRUMMELL *(1778-1840, DANDY ANGLAIS)*

Mardi **22 juillet**

STE MARIE-MADELEINE

Un cavalier et son cheval au milieu de la foule lors du traditionnel « jaleo » d'une fête patronale de Minorque, aux Baléares (Espagne). **MATTHIAS OESTERLE**

La pierre n'a point d'espoir d'être autre chose que pierre. Mais, de collaborer, elle s'assemble et devient temple.

ANTOINE DE SAINT-EXUPÉRY *(1900-1944, AVIATEUR, ÉCRIVAIN)*

Vendredi 13 juin

ST ANTOINE DE PADOUE

Bâtie au XVIIe siècle, Jama Masjid, à New Delhi, est la plus grande mosquée d'Inde. Elle peut accueillir jusqu'à 25 000 personnes. **RAJ K RAJ**

Le visible ouvre nos regards sur l'invisible.

ANAXAGORE *(V. 500-428 AV. J.-C., PHILOSOPHE GREC)*

Lundi **21** **juillet**

ST LAURENT

Pour lutter contre la chaleur étouffante régnant à Pékin (Chine) en ce jour de juillet 2023, cette femme s'est réfugiée dans une grande chemise. **ANDY WONG**

Un père n'est jamais expert : quand on est père, c'est pour la vie.

Vincent Roca *(né en 1950, écrivain, humoriste)*

Sam 14/dim 15 juin

St Élisée
Trinité
Fête des Pères

C'est de leur père que ces petits loriots à capuchon noir observés à Kolaghat (Inde) reçoivent leur repas… visiblement très attendu ! **Snehasish Pramanik**

Si Dieu est quelque part, c'est dans le visage de l'autre.

MICHEL DEL CASTILLO *(NÉ EN 1933, ÉCRIVAIN)*

Sam **19**/dim **20** **juill.**

STE MACRINE
ST AURÈLE

Habillé en déesse Mahakali, cet homme défile en juillet 2023 à l'occasion du festival hindou Bonalu, à Hyderabad (Inde). **MAHESH KUMAR A.**

Les civilisations sont les fards de l'humanité.

Pierre Reverdy *(1889-1960, poète)*

Lundi **16 juin**

St Jean-François Régis

Ces danseuses richement parées s'apprêtent à se produire lors de l'ouverture de l'annuel Festival des arts de Bali, en Indonésie. **Firdia Lisnawati**

Si nombreux que puissent être les méandres de la rivière, celle-ci finira par se jeter à la mer.

PROVERBE INDIEN

Vendredi 18 juillet

ST FRÉDÉRIC

C'est dans les immenses prairies d'Hulunbuir, dans la région autonome de Mongolie-Intérieure (Chine), que serpente la Mergel Gol. WANG ZHENG

On ne peut poser les pieds sur le sol tant qu'on n'a pas touché le ciel.

PAUL AUSTER *(1947-2024, ÉCRIVAIN AMÉRICAIN)*

Mardi **17** **juin**

ST HERVÉ

La terrasse d'observation du port de Dubaï (Émirats arabes unis). Au fond domine Burj Khalifa, le plus haut gratte-ciel du monde (828 m). **KAMRAN JEBREILI**

Je plains ceux qui ont l'air intelligent ; c'est une promesse qu'on ne peut tenir.

ALAIN *(1868-1951, PHILOSOPHE, JOURNALISTE)*

Jeudi **17 juillet**

BSE CHARLOTTE

Ce singe de la forêt de Maredumilli (Andhra Pradesh, Inde) lit-il le journal ? Non, il observe du papier aluminium jeté par un touriste ! **AMIT JARIWALA**

On ne peut apprendre au crabe à marcher droit.

ARISTOPHANE *(V. 445-V. 386 AV. J.-C., POÈTE COMIQUE GREC)*

Mercredi **18 juin**

ST LÉONCE

Cette scène opposant une sterne à un crabe affamé venant de s'en prendre à ses petits a été saisie près de Fort Myers (Floride, États-Unis). **JUDY ROGERO**

La plus belle heure de la vie, c'est l'heure de la sieste.

GRÉGOIRE LACROIX *(NÉ EN 1933, ÉCRIVAIN, POÈTE)*

Mercredi **16** **juillet**

NOTRE-DAME DU MONT-CARMEL

Moment de repos et de tendresse pour ce jeune couple dans un jardin de Kiev, en Ukraine. **JAE C. HONG**

Un paysage est le fond du tableau de la vie humaine.

Jacques-Henri Bernardin de Saint-Pierre *(1737-1814, écrivain, botaniste)*

Jeudi 19 juin

St Jude

Photographiées du ciel, les cultures en terrasses colorées des alentours d'Y Ty, au Vietnam, forment un paysage kaléidoscopique. **Khanh Phan**

La femme est vers le ciel tournée, et ce qui n'est / Que parfum dans la rose est encens dans la femme.

VICTOR HUGO *(1802-1885, ÉCRIVAIN, POÈTE)*

Mardi **15 juillet**

ST BONAVENTURE

Des ouvriers sèchent de l'encens dans une usine spécialisée de la ville de Yongchun, « capitale chinoise de l'encens ». **CFOTO**

La protection des minorités, l'assistance aux réfugiés [...] ne sont que des applications cohérentes du principe de la citoyenneté mondiale. JEAN-PAUL II *(1920-2005, PAPE)*

Vendredi 20 juin

ST SILVÈRE

Des enfants dans un véhicule les éloignant de la zone côtière de Golarchi, au Pakistan, sous la menace du cyclone Biparjoy, en juin 2023. UMAIR RAJPUT

Nous n'avons qu'une liberté : la liberté de nous battre pour conquérir la liberté.

HENRI JEANSON *(1900-1970, ÉCRIVAIN)*

Lundi **14 juillet**

FÊTE NATIONALE
ST CAMILLE

Durant le défilé du 14-Juillet, des avions militaires survolent les jardins des Tuileries et *La France victorieuse*, d'Antoine-François Gérard. **MICHEL SETBOUN**

L'été, la nuit, les bruits sont en fête.

EDGAR ALLAN POE *(1809-1849, ROMANCIER, POÈTE AMÉRICAIN)*

Sam 21/dim 22 juin

ÉTÉ
SAINT-SACREMENT

Stonehenge (Angleterre) le jour du solstice d'été. Le célèbre site néolithique est alors le théâtre de rassemblements festifs. MARCIN NOWAK

Toute théorie est grise, mais vert florissant est l'arbre de la vie.

Johann W. von Goethe *(1749-1832, poète, écrivain)*

Sam 12 / dim 13 juill.

St Félix
St Henri

Leurs vélos en guise de chariots, ces vendeurs de mangues bien chargés se rendent au marché de Rajshahi (Bangladesh). **Mustasinur Rahman Alvi**

La sérénité est une conquête.

ANDRÉ MAUROIS *(1885-1967, ROMANCIER, ESSAYISTE)*

Lundi **23** **juin**

STE ETHELDRÈDE

Une femelle cobe à croissant et son petit près de la rivière Chobe (Botswana), accompagnés par un héron dans leur marche paisible. **JANINE KRAYER**

Le grand nombre de bateaux ne gêne pas la rivière.

PROVERBE CHINOIS

Vendredi 11 juillet

ST BENOÎT

Des bateaux transportant des châteaux de cire s'apprêtent à participer à une procession bouddhiste, à Ayutthaya (Thaïlande). CHAIWAT SUBPRASOM

Quand un homme a faim, mieux vaut lui apprendre à pêcher que de lui donner un poisson.

CONFUCIUS *(V. 551-479 AV. J.-C., PHILOSOPHE CHINOIS)*

Mardi **24** **juin**

ST JEAN BAPTISTE

Des pêcheurs du lac Victoria et leurs embarcations, aux environs de Mwanza, en Tanzanie. Ce lac est le plus grand d'Afrique. **WANG GUANSEN**

La Lune est le Soleil des statues.

JEAN COCTEAU *(1889-1963, POÈTE, CINÉASTE)*

Jeudi 10 juillet

ST ULRIC

Majestueuse, la pleine lune vient saluer le Parthénon, sur l'Acropole d'Athènes (Grèce).
PETROS GIANNAKOURIS

Quand on ne sait pas où on va, la vitesse du déplacement ne compte plus.

Cees Nooteboom *(né en 1933, écrivain néerlandais)*

Mercredi **25 juin**

St Prosper

Quelques trains à grande vitesse à l'arrêt dans la gare sud de Nankin (Chine), l'une des plus vastes de la planète.
CFOTO

On ne se laisse surprendre que par la première pluie de la saison.

PROVERBE TÉKÉ *(PEUPLE D'AFRIQUE CENTRALE)*

Mercredi 9 juillet

STE AMANDINE

Des monticules de riz protégés de la pluie et du brouillard par des cônes de bambou, vus du ciel, à Brahmanbaria (Bangladesh). **MUSTASINUR RAHMAN ALVI**

On a parfois l'impression que les Anglais ont pour principale occupation de jouer à être anglais.

Philippe Meyer *(né en 1947, journaliste, écrivain)*

Jeudi **26 juin**

St Anthelme

Haut-de-forme de mise pour les gentlemen au Meeting royal d'Ascot (Angleterre), célèbre course de chevaux organisée chaque année en juin. **Dave Shopland**

L'homme est composé d'une âme et d'une bête.

Xavier de Maistre *(1763-1852, écrivain)*

Mardi 8 juillet

Sts Aquila et Priscille

Un éleveur bichonne son mouton Lincoln Longwool lors du Great Yorkshire Show Ground, célèbre rendez-vous agricole anglais, en juillet 2023. **Andrew McCaren**

Il vaut mieux reverdir que d'être toujours vert.

Madame de Sévigné *(1626-1696, épistolière)*

Vendredi **27 juin**

St Fernand

Bien camouflée, cette grenouille prend le frais dans un plan d'eau du district de Laishan, donnant sur la mer Jaune, dans l'est de la Chine. **CFOTO**

Les pilotes se moquent de marcher. Ce qui les motive, c'est de pouvoir voler.

Neil Armstrong *(1930-2012, astronaute américain)*

Lundi 7 juillet

St Roger

Avions à pédales pour les enfants, voitures de collection pour les adultes lors de l'événement Wallop Wheels and Wings de Middle Wallop (Angleterre). **Simon Czapp**

La chaleur était terrible : 30 ° à l'ombre ! Mais heureusement, j'étais au soleil.

Jean-Loup Chiflet *(né en 1942, écrivain, éditeur)*

Sam **28**/dim **29** **juin**

St Irénée
Sts Pierre et Paul

Une fontaine publique de Vilnius (Lituanie), ou comment se rafraîchir en cas de très fortes chaleurs…
Mindaugas Kulbis

Tout vient à point à qui sait attendre.

Clément Marot *(1496-1544, poète)*

Sam **5**/dim **6 juill.**

St Antoine-Marie
Ste Maria Goretti

Des spectateurs de l'étape alpestre du Tour de France cycliste 2023 reliant Saint-Gervais-Mont-Blanc à Courchevel. **Daniel Cole**

Toute saison embellit la maison de nos amours.

Jean-Guy Pilon *(1930-2021, poète canadien)*

Lundi 30 juin

St Martial

Inoubliable aurore romantique pour ce couple
au bord de l'Atlantique à Bal Harbour, en Floride (États-Unis).
Wilfredo Lee

La patrie est là où l'on vit heureux.

VOLTAIRE *(1694-1778, ÉCRIVAIN, PHILOSOPHE)*

Vendredi **4 juillet**

STE ÉLISABETH

Des participants au RAGBRAI, grand rassemblement cycliste annuel traversant l'État de l'Iowa (États-Unis).
CHARLIE NEIBERGALL

Oh ! Ma jeunesse en fleur qui courait dans les prés.

VICTOR HUGO *(1802-1885, ÉCRIVAIN, POÈTE)*

Mardi 1er juillet

ST THIERRY

À Castelluccio di Norcia (Italie), les champs de lentilles en fleurs, auxquels se mêlent d'autres plantes, offrent un festival de couleurs. **FRANCESCO FOTIA**

De l'or, mon Dieu, de l'or, c'est le nerf de l'intrigue.

BEAUMARCHAIS *(1732-1799, ÉCRIVAIN, DRAMATURGE)*

Jeudi **3 juillet**

ST THOMAS

Ce mannequin portant une création de la maison de haute couture Schiaparelli défile lors de la Fashion Week de Paris, en juillet 2023. **MICHEL EULER**

Il est aussi noble de tendre à l'équilibre qu'à la perfection ; car c'est une perfection que de garder l'équilibre.

Jean Grenier *(1898-1971, philosophe, écrivain)*

Mercredi **2 juillet**

Bse Eugénie Joubert

Le funambule français Nathan Paulin en pleine exhibition, à 50 mètres de hauteur au-dessus de la place de Catalogne, à Barcelone (Espagne). **Paco Freire**